MARCO POLO

USA OST

MARCO POLO AUTOR
Ole Helmhausen

Ole Helmhausen lebt in Montréal und schreibt u. a. für „GEO Saison" und „Die Zeit". Im Winter folgt er dem Strom seiner kanadischen Mitbürger, der „Snowbirds", nach Süden. Und landet unterwegs mal in Virginia, mal in Atlanta, mal in Florida. Dabei faszinieren ihn Touristenhochburgen wie Orlando ebenso wie stille Enklaven in den Bayous Louisianas.

REIN INS ERLEBEN

Mit dem digitalen Service von MARCO POLO sind Sie noch unbeschwerter unterwegs: Auf den Erlebnistouren zielsicher von A nach B navigieren oder aktuelle Infos abrufen – das und mehr ist nur noch einen Fingertipp entfernt.

Hier geht's lang zu den digitalen Extras:

http://go.marcopolo.de/uso

 ### Touren-App

Ganz einfach orientieren und jederzeit wissen, wo genau Sie gerade sind: Die praktische App zu den Erlebnistouren sorgt dank Offline-Karte und Navigation dafür, dass Sie immer auf dem richtigen Weg sind. Außerdem zeigen Nummern alle empfohlenen Aktivitäten, Genuss-, Kultur- und Shoppingtipps entlang der Tour an.

 ### Update-Service

Immer auf dem neuesten Stand in Ihrer Destination sein: Der Online-Update-Service bietet Ihnen nicht nur aktuelle Tipps und Termine, sondern auch Änderungen von Öffnungszeiten, Preisen oder anderen Angaben zu den Reiseführerinhalten. Einfach als PDF ausdrucken oder für Smartphone, Tablet oder E-Reader herunterladen.

HTTP://GO.MARCOPOLO.DE/USO

Anzeige

Ihr Travel Designer für die Ostküste

FINEWAY.DE

*Kostenlose Reiseplanung vom persönlichen Travel Designer auf **fineway.de***

6	**INSIDER-TIPPS** Von allen Insider-Tipps finden Sie hier die 15 besten	32	**NEUENGLAND** 32 Acadia 34 Berkshire Hills 36 Boston 40 Cape Cod 42 Mount Washington 43 Newport 44 Portland 45 Stowe
8	**BEST OF …** ● Tolle Orte zum Nulltarif ● Typisch USA Ost ● Schön, auch wenn es regnet ● Entspannt zurücklehnen	46	**MITTLERE ATLANTIKSTAATEN** 46 Annapolis 47 Atlantic City 48 Baltimore 49 Hudson Valley 50 New York City 53 Philadelphia 55 Pittsburgh 56 Washington D. C.
12	**AUFTAKT** Entdecken Sie den Osten der USA!	60	**DER SÜDEN** 60 Atlanta 64 Charleston 66 Great Smoky Mountains 68 Outer Banks 69 Richmond 71 Savannah
18	**IM TREND** Im Osten der USA gibt es viel Neues zu entdecken		
20	**FAKTEN, MENSCHEN & NEWS** Hintergrundinformationen zu USA Ost		
26	**ESSEN & TRINKEN** Das Wichtigste zu allen kulinarischen Themen		
30	**EINKAUFEN** Shoppingspaß und Bummelfreuden		

74 **FLORIDA**
74 Key West 77 Miami/Miami Beach 80 Naples 81 Orlando 83 Tallahassee

---

SYMBOLE

 Insider-Tipp
★ Highlight
 Best of …
☼ Schöne Aussicht
 Grün & fair: für ökologische oder faire Aspekte
(*) Kostenpflichtige Telefonnummer

PREISKATEGORIEN HOTELS

€€€ über 180 Euro
€€ 140–180 Euro
€ unter 140 Euro

Die Preise gelten für ein Standarddoppelzimmer im Sommer, doch es gibt starke saisonale Schwankungen

PREISKATEGORIEN RESTAURANTS

€€€ über 42 Euro
€€ 31–42 Euro
€ unter 31 Euro

Die Preise gelten für ein Abendessen mit Vor-, Hauptspeise und Dessert ohne Getränke

Titelthemen: Appalachian Trail S. 119 | One World Trade Center S. 53

INHALT

84 MISSISSIPPI-TAL
84 Cajun Country 87 Memphis
88 New Orleans 90 St. Louis

92 DIE GROSSEN SEEN
92 Chicago 95 Cincinnati
96 Cleveland 96 Detroit
98 Milwaukee 99 Niagara Falls

100 ERLEBNISTOUREN
100 Der Osten der USA perfekt im Überblick 105 Neuengland: Berge, Strände und Amerikas Wiege 108 Im Hinterhof des Giganten 111 Durch Amerikas Herzland 113 Durch den Alten und den Neuen Süden

116 SPORT & WELLNESS
Aktivitäten und Verwöhnprogramme zu jeder Jahreszeit

120 MIT KINDERN UNTERWEGS

122 EVENTS, FESTE & MEHR

124 LINKS, BLOGS, APPS & CO.

126 PRAKTISCHE HINWEISE
Von A bis Z

132 SPRACHFÜHRER

136 REISEATLAS

154 REGISTER & IMPRESSUM

156 BLOSS NICHT!

GUT ZU WISSEN
Geschichtstabelle → S. 14
Spezialitäten → S. 28
Indian Summer → S. 40
One World Trade Center → S. 53
African Connection → S. 64
Bücher & Filme → S. 72
Feiertage → S. 123
Währungsrechner → S. 127
Was kostet wie viel? → S. 128
Wetter → S. 130
Aussprache → S. 132

KARTEN IM BAND
(138 A1) Seitenzahlen und Koordinaten verweisen auf die Reiseatlas
(0) Ort/Adresse liegt außerhalb des Kartenausschnitts
Es sind auch die Objekte mit Koordinaten versehen, die nicht im Reiseatlas stehen
(𝕄 A–B 2–3) verweist auf die herausnehmbare Faltkarte

UMSCHLAG VORN:
Die wichtigsten Highlights

UMSCHLAG HINTEN:
Pläne von Boston, New York und Washington

Die besten MARCO POLO Insider-Tipps

Von allen Insider-Tipps finden Sie hier die 15 besten

INSIDER TIPP **People watching**
Touristen aus dem Mittleren Westen, Punks mit Nasenringen, kamerabehängte Japaner: Die Veranda des historischen *Red Lion Inn* in Stockbridge garantiert stets wechselnde Aussichten → S. 35

INSIDER TIPP **Isabellas Schatztruhe**
Kunstgenuss pur in der flamboyanten Residenz der Bostoner Mäzenin *Isabella Stewart Gardner* → S. 37

INSIDER TIPP **Monday Room, Tuesday Room …**
In Anlehnung an die Schöpfungsgeschichte sind die Zimmer nach den Wochentagen benannt, denn im *Belfry Inne* in Sandwich schlafen Sie in einer alten Kirche → S. 41

INSIDER TIPP **Autostadt für Fußgänger**
Atlanta ist nicht unbedingt als Fußgängerstadt bekannt. Vom freundlichen *Glenn Hotel* aus sind die meisten Attraktionen der Stadt jedoch zu Fuß erreichbar → S. 63

INSIDER TIPP **O-Ton „Philly"**
Was ist bloß ein *hoagie*? Und was ein *grinder*? Im *Standard Tap* in Philadelphia nehmen die Einheimischen kein Blatt vor den Mund → S. 54

INSIDER TIPP **Einkaufen wie zu Omas Zeiten**
Auf dem *farmer's market* (Foto o.) in Bird-in-Hand nahe Lancaster finden Sie fast ausschließlich Hausgemachtes von den Amischen und ihren ebenfalls organisch anbauenden Nachbarn → S. 55

INSIDER TIPP **Zünftige Gospel Gottesdienste**
Wortgewaltige Prediger lassen sonntags die stets gut gefüllte *Ebenezer Baptist Church* in Atlanta erbeben → S. 62

INSIDER TIPP **Friedhof für Gruselfans**
Bekannt aus dem Film „Mitternacht im Garten von Gut und Böse": der *Bonaventure Cemetery* in Savannah → S. 72

INSIDER TIPP Den Key Spirit fühlen

Eine Theke unterm Palmwedeldach, Blick auf die Marina und Livemusik: In der *Schooner Wharf Bar* trinken Einheimische neben Touristen, Skipper neben Landratten, alte Hippies neben jungen Hipstern → S. 77

INSIDER TIPP Preiswert am Strand schlafen

Die Übernachtung in Strandnähe für eine Handvoll Dollar? Möglich ist dies in Florida in Naples. Und zwar im *Lighthouse Inn* → S. 81

INSIDER TIPP Mit Einheimischen das Tanzbein schwingen

Die beliebtesten Cajun-Gruppen spielen jeden Samstag im *Liberty Theatre* in Eunice auf. Auch immer voll: die Tanzfläche! → S. 86

INSIDER TIPP Die andere Seite Amerikas

Informatives über Martin Luther King Jr. und die Bürgerrechtsbewegung im *National Civil Rights Museum* in Memphis → S. 88

INSIDER TIPP Herz und Schmerz am großen See

Wo sich jede Show anfühlt wie eine intime Jam-Session im kleinen Kreis: Das *Blue Chicago on Clark* präsentiert seit Jahren den besten Liveblues der Stadt (Foto u.). So stellt man sich echte Blues-Aufführungen vor! → S. 94

INSIDER TIPP Wahrhaft köstliche Southern Cuisine

Red rice mit *Georgia shrimps,* dazu hausgemachte Wurst und Okra: Das *Elizabeth on 37th* in Savannah verwöhnt Sie mit traditionellen, aber raffiniert verfeinerten Kreationen → S. 73

INSIDER TIPP Wiege des Motown-Sound

Das *Motown Historical Museum* in Detroit hieß früher Studio A – und war Sprungbrett für zahlreiche Musiker wie Stevie Wonder und Marvin Gaye. Wer genau hinhört, kann sie noch tuscheln hören, die Musikrebellen von einst → S. 97

BEST OF ...

TOLLE ORTE ZUM NULLTARIF
Neues entdecken und den Geldbeutel schonen

SPAREN

● **Kunst im Weitwinkel**

Das Wetter ist zu schön, um den ganzen Tag in Museen zu verbringen? Im *Sculpture Garden* der gratis zugänglichen *National Gallery of Art* in Washington können Sie Werke von Miró, Claes Oldenburg und anderen Künstlern der Moderne im Freien genießen – und dabei Ihre Sehgewohnheiten erweitern → **S. 58**

● **Philadelphias heiliger Boden**

Die Freiheitsglocke, die Independence Hall und 18 weitere Gebäude sind heute als *Independence National Historic Park* geschützt – und stehen als amerikanische Heiligtümer jedem unentgeltlich offen → **S. 53**

● **Bei Elvis außen vor bleiben**

Wie viele Fans genau anreisen, um nur das berühmte Eingangstor mit den Noten – samt *Graceland*-Villa im Hintergrund – zu fotografieren, weiß niemand. Jedenfalls können Sie nachher sagen, da gewesen zu sein. Und haben obendrein den teuren Eintritt gespart (Foto) → **S. 88**

● **„Life is like a box of chocolates …"**

Die Bank, auf der Einfaltspinsel Forrest Gump (alias Tom Hanks) aus seinem Leben erzählte, steht zwar längst im Savannah History Museum, doch die Stelle auf dem *Chippewa Square* ist als eintrittsfreier Hollywood-Filmset noch immer ein beliebtes Fotomotiv → **S. 72**

● **Mit den Cajuns jammen**

Die alten Herren fiedeln, die Ladys bringen *po' boy* genannte Sandwiches, ein paar schüchterne Touristen werden zum Tanz aufgefordert: Die eintrittsfreien samstäglichen Jam-Sessions im *Savoy Music Center* sind das beste Schaufenster der Cajun-Kultur! → **S. 90**

● **Museen gratis, Kaffee 2,80 $**

Der Besuch der meisten der 19 Nationalmuseen in Washington D. C. wie des hervorragenden *National Museum of the American Indian* ist gratis. In die Tasche greifen müssen Sie nur in deren Restaurants. Ein guter Deal, oder? → **S. 58**

●●●● Diese Punkte zeichnen in den folgenden Kapiteln die Best-of-Hinweise aus

TYPISCH USA OST
Das erleben Sie nur hier

● *Roadfood made in Milwaukee*
Roadhouse Chili, Wings of Fire, Motor Burger: nichts für Kalorienbewusste, die (veredelten) Junkfood-Klassiker mit klangvollen Namen im Restaurant des *Harley-Davidson Museum* – doch für Roadtrip-Romantiker genau das Richtige! → S. 98

● *Miamis Laufsteg der Schönen und Geschönten*
Neuestes Beachdesign, der letzte Schrei bei Sonnenbrillen, Badeschlappen, Schultertaschen. Und natürlich jede Menge Haut, in allen denkbaren Brauntönen und in jedem Zustand: Nach Sonnenuntergang verwandelt sich der *Ocean Drive* von Miami Beach in einen wuseligen Catwalk (Foto) → S. 78

● *Magnificent heißt prachtvoll*
„Alles, wovon Sie träumen": So beginnen die Shopping-Websites für Chicagos *Magnificent Mile*. Angesichts gleich fünf riesiger Kaufhäuser (Bloomingdale's, Macy's, Neiman Marcus, Saks Fifth Avenue, Nordstrom) und ungezählter Edelgeschäfte ist das noch untertrieben → S. 94

● *Im Auto aufs Dach*
Und zwar auf das Dach von Neuengland: Wozu ist man schließlich im Autofahrerland unterwegs? Die *Auto Road* auf den Mount Washington führt durch alle Vegetationszonen der Ostküste und endet in abweisender Mondlandschaft. Falls das Gewissen plagt: Hier oben können Sie auch nach Herzenslust wandern! → S. 42

● *Cleveland rocks!*
Wer sich im Store der *Rock and Roll Hall of Fame* einkleidet, darf mit ungewöhnlichem Design rechnen: coole T-Shirts mit den Namen aller bahnbrechenden Rock 'n' Roller, Punk-Halsketten und Regenschirme mit bunten „Summer of Love"-Motiven → S. 96

● *Sundown an der Pier*
Weit reichen sie ins Meer hinaus und am Rande gibt es oft Bänke und manchmal sogar einen Imbiss. Die Piers in den Küstenstädten Floridas, wie die von *Naples*, sind wunderbare Treffpunkte. Vor allem bei Sonnenuntergang → S. 80

BEST OF ...

SCHÖN, AUCH WENN ES REGNET
Aktivitäten, die Laune machen

● *Beste Kneipentour im Osten*
Andere Städte mögen mehr und vielleicht auch bessere haben – an *Newports* schmaler *Thames Street* liegen die Kneipen und Bars jedoch so nahe beisammen, dass Sie unterwegs selbst bei schwerstem Regen nicht richtig nass werden → S. 43

● *Shoppertainment unter Glas*
Amerikas Malls setzen auf Unterhaltung. Atlantas *Lenox Square* lockt mit Spitzenrestaurants, während Bostons elegante *Copley Plaza Mall* die Sinne mit Wasserspielen und tropischer Flora anspricht. Da lässt es sich auch länger aushalten! → S. 30

● *Gegen den November in der Seele*
Norman Rockwells Szenen des amerikanischen Alltags – mal romantisierend, mal augenzwinkernd – zaubern im *Norman Rockwell Museum* in Stockbridge auch bei Regen gute Laune herbei ... → S. 35

● *Savannahs dampfende Schleier*
Schon mal durch eine tolkiensche Märchenlandschaft gewandert? Im subtropisch-feuchten Klima von *Savannah* hinterlassen sommerliche Schauer oft dampfende, weiße Schwaden und Schleier. Dann wirken die moosbehangenen Bäume besonders verwunschen → S. 71

● *Ein Museumstag in Cincinnati ist nicht genug*
Fast wünscht man sich, der Regen draußen möge nicht aufhören: Das *Museum Center at Union Terminal* in Cincinnati wartet nicht nur mit Museen auf, sondern bietet tagtäglich tolle Events → S. 95

● *Live im Studio*
Bei *CNN* in Atlanta geht es zu wie im Bienenstock. Die knapp einstündige CNN-Studio-Tour, die durch einige Etagen des mit Hightech vollgestopften Gebäudes führt, vermittelt interessante Einblicke hinter die Kulissen (Foto) → S. 62

REGEN

10

ENTSPANNT ZURÜCKLEHNEN
Durchatmen, genießen und verwöhnen lassen

● *Südliche Sinnesfreuden mit Sonnenuntergang*
Fast ist das Restaurant *Aqua* in Duck zu schön, um wahr zu sein: Die Chefs kochen ökologisch, die Sonne geht über dem Meer unter, und nebenan warten Masseure und Kosmetiker darauf, Sie kräftig zu verwöhnen ... → S. 68

● *Neuenglands Küste wie gemalt*
Den Dreiklang Felsen, Brandung, Leuchtturm gibt es häufiger am Atlantik, doch so schön wie auf *Pemaquid Peninsula* ist er selten. Maler und Fotografen wissen das zu schätzen. Weniger kreative Zeitgenossen genießen zumindest das tiefenentspannende Flair → S. 34

● *Sanftes Gleiten in den Himmel*
Zurücklehnen und abheben: Beim *Tandem-Drachenfliegen* in Kitty Hawk auf den Outer Banks (Foto) können selbst Novizen dieser Funsportart das Fliegen ganz entspannt genießen, da sie gemeinsam mit gestandenen Profis in die Lüfte steigen → S. 69

● *Kleines Paradies auf Key West*
Schmale Pfade führen durch subtropisches Dickicht. Bunte Blumen wuchern wie Unkraut, hin und wieder flattert ein Papagei auf. Auf einer der Bänke können Sie, dicht umhüllt von Mutter Natur, die Gedanken schweifen lassen. Hat es früher überall so ausgesehen wie in *Nancy Forrester's Secret Garden*? → S. 76

● *Wellness mit Aussicht auf South Beach*
Das Spa des Luxushotels *The Betsy* ist ein Refugium über den Palmenwipfeln, weshalb der phantastische Blick über den Ocean Drive hinweg zum Strand die Massagen noch wirksamer macht → S. 79

● *Bostons schönster Pausenhof*
Alt und neu, laut und leise, Großstadthektik und die Poesie eines leise plätschernden Springbrunnens: In dem von Arkaden umgebenen Atrium der *Boston Public Library* lässt es sich nicht nur gut philosophieren, sondern auch wunderbar verschnaufen → S. 37

11

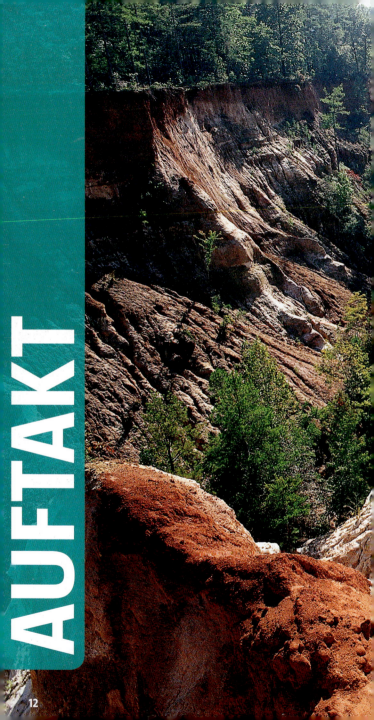
AUFTAKT

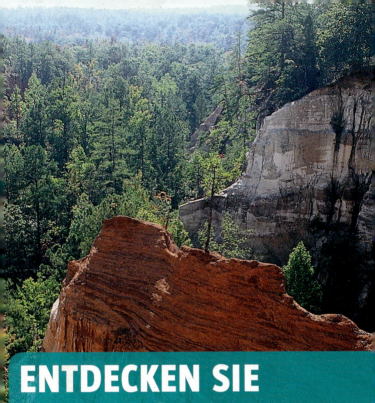

ENTDECKEN SIE USA OST!

USA: eine Buchstabenkombination, die Assoziationen weckt – seien sie tagespolitischer, historischer oder landschaftlicher Natur. Für viele Millionen von Auswanderern waren die USA das „Land der unbegrenzten Möglichkeiten". Optimismus und Zukunftszugewandtheit, Technologiegläubigkeit, grenzenlose Freiheit und reichlich Platz für Träumer und Spinner.
Die USA lassen sich nicht so leicht in den Griff bekommen. Sie sind zur gleichen Zeit modern und rückständig, progressiv und reaktionär, liberal und erzkonservativ. Nur eines sind sie *mit Sicherheit nicht: langweilig!* Jedes Klischee hat hier auch einen Gegenpart. Eine miserable Allgemeinbildung – die meisten Nobelpreisträger. Die schlechteste Luft – die schärfsten Umweltgesetze. Hatz auf Homosexuelle – Anerkennung der Schwulenehe. Die Liste ließe sich noch beliebig fortsetzen. Vor allem im Osten der USA. Zwar wurde der amerikanische Traum im Westen verwirklicht – aber erst, nachdem ihn der Osten geträumt hatte. Was Amerika heute ist, wurde hier zum ersten Mal angedacht, ausprobiert und durchexerziert, im Guten wie im Schlechten. Alles begann in der Nordostecke des Lands, auf einem Areal nur halb so groß wie Deutschland.

Bild: Providence Canyon in Georgia

In Neuengland stand die Wiege der Nation. Die Puritaner, protestantische Fundamentalisten aus England, prägten mit ihren Glauben an Auserwähltheit und göttliche Vorsehung *das amerikanische Wertesystem*. Ihre Universitäten, bis heute die besten des Lands, wurden zu Brutkästen einer kritisch denkenden, nach Unabhängigkeit rufenden Generation. Sie machten Neuengland zum *liberalen Vorzimmer Amerikas*: In Vermont regieren sozialistische Bürgermeister, in Massachusetts werden Windenergiefar-

In Neuengland stand die Wiege der Nation

men erbaut, und Maine verurteilte als erster amerikanischer Staat das Vorgehen Washingtons im Irak.

Auch der Süden träumte – erst von der Unabhängigkeit, dann vom friedlichen Miteinander von Weiß und Schwarz. Ein erbittert geführter Bürgerkrieg (1861–65) riss das Land fast auseinander, danach spaltete die Rassenfrage die amerikanische Gesellschaft. Seit der *Bürgerrechtsbewegung* der 1960er-Jahre sind die Schatten der Vergangenheit kürzer geworden. Ganz verschwunden sind sie nicht, doch Amerika – *rettungslos optimistisch* – arbeitet daran. So werden in Georgia schwarze Politiker und Polizeichefs an die Macht gehievt, finanzieren in Florida schwarze Millionäre Luxushotels. Noch vor 30 Jahren wäre dies undenkbar gewesen.

Der unerschütterliche Glaube daran, dass alles nur besser werden kann, wird hier tagtäglich aufs Neue umgesetzt. Und hapert es am Glauben, ist Gott das Allheilmittel. Oder Elvis. Nirgends sonst ist Amerika so fromm wie im *Bible Belt* zwischen North

12 000–1500 v. Chr.
Von Asien über die Beringstraße kommende Jäger und Sammler bevölkern den Kontinent

1607/20
Jamestown ist die erste englische Siedlung Nordamerikas; mit der *Mayflower* gekommene Puritaner gründen Plymouth (MA)

17./18. Jh.
Besiedlung der Küste bis nach Georgia und den Appalachen

4. Juli 1776
Die 13 Kolonien erklären ihre Unabhängigkeit

1789
George Washington wird erster US-Präsident

AUFTAKT

Durch die quirlige Metropole New York fahren Sie sicher mit einem Taxi, *yellow cab* genannt

Carolina und Louisiana, nirgends sonst so musikalisch wie am Mississippi zwischen New Orleans und den Großen Seen. Dass Amerika schlussendlich mit dem aus Hawaii stammenden Barack Obama 2008 den ersten afroamerikanischen Präsidenten kürte, war damit nur eine Frage der Zeit.

> **Und hapert es am Glauben, ist Gott das Allheilmittel – oder Elvis**

Bei seinem Amtsantritt sahen sich die USA mit der schlimmsten Finanzkrise und anschließend längsten Rezession der Nachkriegszeit konfrontiert. *Stimuluspakete in Milliardenhöhe* aus Washington konnten die taumelnde US-Wirtschaft retten. Im Sommer 2010 stiegen die Zahlen wieder, wurde die Krise

1803–48
Durch Kauf und Krieg Vergrößerung des Staatsgebiets. Die Sklaverei vertieft die Kluft zwischen dem industriellen Norden und dem agrarischen Süden

1860/61
Der Sklaveneigner Abraham Lincoln wird Präsident. Gründung der Konföderierten Staaten von Amerika. Der anschließende Bürgerkrieg endet mit der Niederlage der Südstaaten

1941
Die USA treten in den Zweiten Weltkrieg ein

1961
J. F. Kennedy beschleunigt die Rassenintegration im Süden

15

offiziell für beendet erklärt. Doch während das Land auf der internationalen Bühne nunmehr leisere Töne anschlug, lagen im Inneren Licht und Schatten dicht beieinander. Einerseits konnte zwar *Obamacare,* die Krankenversicherung für alle, etabliert werden, und immer mehr Bundesstaaten akzeptierten gleichgeschlechtliche Ehen, andererseits jedoch verliefen Bemühungen zur Waffenkontrolle im Sande, beleuchteten zahlreiche Fälle von tödlich verlaufender Polizeigewalt gegenüber Schwarzen den von Rassismus überschatteten Alltag vieler Afroamerikaner. Und die immer größeren *Einkommensunterschiede* gelten inzwischen als das größte Problem der Post-Obama-Ära.

Wer den gesamten Osten bereist, wird seine ganze Vielfalt und Widersprüchlichkeit auf 2,2 Mio. km² erleben – denn hier sind beispielsweise *die meisten amerikanischen Dialekte* zu Hause. Neuengland wird Sie in vielem an Europa erinnern: Die Entfernungen sind kurz, die Städte alt und die Menschen belesen. Boston, noch immer die Grand Old Lady der Ostküste, Provincetown, die liberalste Stadt nördlich von Key West, und die unwegsamen, bis zu 2000 m hohen White Mountains mit den schönsten Etappen des von Georgia heraufziehenden Appalachian Trail setzen

> **New York ist Amerika unter dem Vergrößerungsglas**

hier die Highlights. New York, New York, von jeher anziehend und abstoßend zugleich, ist Amerika unter dem Vergrößerungsglas. Das *brodelnde Völkergemisch* in den Straßenschluchten stimuliert, das Tempo der Stadt macht schwindelig. Nebenan in Pennsylvania bestellen gottesfürchtige Amische ihre Äcker mit von Pferden gezogenem Pflug: kaum zu glauben, aber wahr, *amerikanische Echtzeit* eben.

Das Herz der Nation wiederum wirkt fast schläfrig: Washington repräsentiert – etwas angestrengt wie einstmals Bonn – mit breiten Avenuen, Parks und viel Marmor. Kein Wolkenkratzer stört die *in Neoklassizismus erstarrte Ernsthaftigkeit*, und von den Machtkämpfen hinter den Kulissen erfährt man nur aus der „New York Times".

Richtig geliebt werden andere Städte. Wie Charleston und Savannah, die legendären *southern belles* in Georgia und South Carolina, Südstaatenschönheiten, deren Häuser Veranden mit schmiedeeisernen Balkongittern besitzen und deren Straßen

1968 Ermordung von Martin Luther King Jr.	**1996** Olympiade in Atlanta	**11. Sept. 2001** Anschläge in New York und Washington	**2005** Hurrikan Katrina zerstört New Orleans	**2010** Verheerende Ölpest im Golf von Mexiko	**2015** In vielen Städten im Osten Polizeigewalt gegen Schwarze. Wiederaufnahme der Fährverbindung mit Kuba

AUFTAKT

von alten Eichen gesäumt werden, schwer mit Spanischem Moos behangen. Oder Key West, Amerikas südlichster Punkt und **letzte Station vor Havanna**, wo New York nur noch undeutliche Erinnerung ist. Und New Orleans erst, Amerikas unamerikanischste Stadt, die berüchtigt ist für ihre losen Sitten und wilden Partys.

Leer ist es hier nur am frühen Morgen: Miami Beach, der berühmteste Strand Amerikas

In New Orleans mündet der Mississippi in den Golf von Mexiko. Der „Old Man River" ist für die Amerikaner, was Vater Rhein für die Deutschen ist: ein das Nationalgefühl prägendes Symbol. An seinen Ufern liegen vergessene Weiler, aber auch Memphis und St. Louis, die die uramerikanischen Musikstile **Blues, Jazz und Rock 'n' Roll** entscheidend prägten. Am Ende führt der Mississippi geradewegs ins Herz der USA, in „America's Heartland" am Südrand der Großen Seen. Hier warten weitere Highlights auf einen Besuch, allen voran Chicago, das Kunstmekka, und die Niagara Falls, die meistfotografierten Wasserfälle der Welt.

Die Natur jedoch hat noch mehr zu bieten: subarktische Vegetation in den White Mountains, Tropenflora in Florida. Krokodile und Alligatoren in den Everglades, Wale vor Neuengland. Dazwischen: endlose Strände und das Wanderermekka der Appalachen, dessen schönste Abschnitte Nationalparks schützen. Wer gern Auto fährt, mag sich den Luxus gönnen, einmal **drei Klimazonen an einem Tag** zu durchfahren. Das Beste, die Menschen, würde er dabei allerdings verpassen. Und das wäre schade.

Subarktische Vegetation & Tropenflora

17

IM TREND

1 Wo sind die Schnitzel?

Orienteering Im Straßennetz von New York kann man sich kaum verlaufen. Auf dem Land ist das schon eine größere Herausforderung. Der *Quantico Orienteering Club (www.qocweb.org)* nimmt sie gern an. Er organisiert *Orienteering*-Wettbewerbe und -Trainings in Virginia, Maryland und D.C. So lernt man die Region kennen und absolviert noch ein Fitnessprogramm für Körper und Kopf. Schnitzeljagdfeeling kommt auch mit der *Delaware Valley Orienteering Association (www.dvoa.org)* auf. Mehr Infos unter *www.us.orienteering.org*.

Kollektiv kreativ

2

Shop Schöne Karten, Taschen oder Bilder: Bei *Shopscad (340 Bull St. | Savannah | www.shopscad.com, Foto)* bekommen Sie originelles Design von den Studenten des *Savannah College of Art and Design*. Kleine Unternehmen stützen, die eigene Gemeinde stärken: *Shop local* wird immer beliebter. In Neuengland führen die alten *general stores* die Bewegung an, wie z. B. der *Harrisville General Store (29 Church St. | Harrisville)*, eine charmante Mischung aus Kneipe, Wochenmarkt und Kunstgalerie.

3 Braggie statt Selfie

Angeben lohnt Vom Oxford Dictionary bereits als neues Wort anerkannt, ist das *braggie* ein Foto, das der Hotelgast kurz nach seiner Ankunft von sich vor einer neidisch machenden Kulisse macht und in kürzester Zeit in seine Social-Media-Kanäle hochlädt. Hotelmarken wie Marriott, Hilton und Kimpton nutzen diesen Trend und bieten den Urhebern besonders erfolgreicher *braggies* Upgrades, Mini-Barkredite und sogar zusätzliche Gratisnächte.

Im Osten der USA gibt es viel Neues zu entdecken. Das Spannendste auf diesen Seiten

Tagschwärmer

Brunchpartys New York macht seinem Ruf als Stadt, die niemals schläft, Ehre. Hier feiert man auch schon tagsüber. Bei den Brunchpartys wird nach Kaffee und *pancake*s die Tanzfläche erobert. Jeden Samstag- und Sonntagvormittag steigt im *Beaumarchais (409 W 13th St.)* im Meatpacking District ein champagnergetränkter Brunch zu den Sounds stadtbekannter DJs. Weitere Brunchpartys gibt's samstags und sonntags in New Yorks *Lavo (39 E 58th St.),* immer sonntags im *Yotel (570 10th Ave.)* oder auf der Dachterrasse des *PH-D (Dream Downtown | 355 W 16th St.).* Aber nicht nur New York macht den Tag zur Nacht, auch in Washington können Sie um 15 Uhr feiern, als wäre es 3 Uhr nachts. Super Adresse: die *K Street Lounge (1301 K St.).* In Orlando locken die Hang-over-Partys Feierfreunde sonntagnachmittags ins *Vain (22 S Magnolia Ave.).*

Street Eats

Essen Hot-Dog-Stände auf der Straße kennt jeder, doch mehr Vielfalt bieten *Food Trucks.* In New Orleans sollten Sie sich an die Fersen eines der Trucks von *Crescent City Eats (nolafoodtrucks.com/ trucks/crescent-city-eats)* heften. Hier werden Sie mit kreolischen Spezialitäten verwöhnt. In Atlanta gibt es dagegen karibische Fusion Cuisine von *Tastee Spoon (www.tasteespoon. com),* und in Philadelphia darf das legendäre *Philly cheesesteak* nicht fehlen. Am besten schmeckt es auf dem italienischen Markt an der 9th Street. Von der Westküste schwappt außerdem ein süßer Trend in den Osten: 24-Stunden-Automaten mit den heißbegehrten *cupcakes* von *Sprinkles (www.sprinkles. com)* – perfekt für den nächtlichen Zuckerkick.

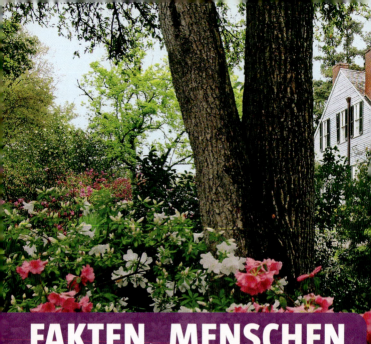

FAKTEN, MENSCHEN & NEWS

BIBLE BELT

Deutsche Priester würden neidisch: Sonntags um elf haben ihre Kollegen im amerikanischen Süden Parkplatzprobleme. Im *Bible Belt* ist das normal, denn der sich in südwestlicher Richtung quer durch Amerika ziehende, äußerst religiöse Landstreifen ist *God's country*. Wie Rockstars verehrte Radioprediger verdammen Abtreibung und vorehelichen Sex. In vielen Schulen steht die Genesis neben Darwins Theorien auf dem Lehrplan, lernen die Schüler mit *Intelligent Design* eine neue Philosophie, die besagt, dass eine so komplizierte Evolution wie die des menschlichen Lebens ohne göttlichen Funken nie hätte entstehen können. 44 Prozent der Amerikaner legen die Bibel wörtlich aus und bezeichnen sich als *born-again Christians* (wiedergeborene Christen).

Allerdings garantiert auch dies keineswegs immerwährende Glückseligkeit. Der *Bible Belt* weist die zweithöchste Scheidungsrate in den USA auf.

CIVIL RIGHTS MOVEMENT

Die Gleichstellung der Rassen: Verfassungsmäßig ist sie garantiert, in der Praxis wird sie jedoch immer wieder verzagt. Präsident Abraham Lincoln erklärte 1863 die Sklaven der Südstaaten für frei, doch erst das Jahr 1954 mit dem Ende der Segregation an allen öffentlichen Schulen und dem darauf folgenden Boykott aller rassistischen Busgesellschaften markierte die Wende.

Bild: Antebellum-Haus in Louisiana

Altes Amerika und Neuer Süden: einige Schlagworte, die Ihnen auf Ihrer Reise im Osten der USA immer wieder begegnen

Die von Martin Luther King Jr. angeführte Bürgerrechtsbewegung erkämpfte die rechtliche Gleichstellung der Schwarzen, doch der unbefangene Umgang miteinander ist, wie 1994 der Fall O. J. Simpson zeigte, oft noch immer das unerreichte Ziel. Auch die historische Wahl von Barack Obama zum US-Präsidenten hat, wie die jüngsten Fälle von Polizeigewalt gegen Afroamerikaner in Ferguson in Missouri 2014 und Baltimore in Maryland 2015 zeigen, keine Wende zum Besseren gebracht."

FRACKING

Kein Schlagwort ließ die Amerikaner während der letzten Jahre schöner vom schnellen Geld träumen als Fracking. Das Verfahren, bei dem Gestein in großer Tiefe unter immensem hydraulischen Druck aufgebrochen und dabei entweichende Naturgase an die Oberfläche befördert werden, machte Tausende zu Millionären und – gemeinsam mit der Ölförderung – die USA bis Ende 2014 zum größten Ölförderland der Welt. Dann aber bereiteten sinkende Öl- und Gaspreise dem Frackingboom ein Ende. In den Frackingstaaten Louisiana, Virginia, Arkansas, Mississippi, Missouri und Michigan beschäftigt man sich seitdem mit den entstandenen Umweltschäden, u. a. mit der Verunreinigung des Trinkwassers.

INDIANER

Das Schicksal der Ureinwohner Nordamerikas ist wohlbekannt: Gastfreundlich halfen sie den Weißen über die ersten Winter, um anschließend von diesen verdrängt, vernichtet oder in Reservate abgeschoben zu werden. Der Grund, warum man im Osten der USA kaum Indianer – hier heißen sie politisch korrekt *Native Americans* – trifft, ist einfach: Weil sie hier zuerst dem Landhunger der Weißen zum Opfer fielen.

Die Indianer Neuenglands spielten schon um 1680 keine Rolle mehr. Im Süden und im Gebiet der Großen Seen schlug ihre Stunde zu Beginn des 19. Jhs., als die jungen USA über die Appalachen und das Ohiotal hinauswuchsen. Der 1830 erlassene *Indian Removal Act* machte das neue Siedlungsgebiet indianerfrei: Alle östlich des Mississippi ansässigen Stämme wurden in das (noch leere) *Indian Territory* westlich des Flusses ausgewiesen. Viele Stämme wehrten sich. Der Widerstand der Seminolen Floridas konnte erst nach drei Kriegen 1858 gebrochen werden, die Fox und Sac in Illinois kämpften bis 1832.

Die in den Appalachen Georgias lebenden Cherokee zogen 1832 vor den *Supreme Court*, der ihre Umsiedlung für illegal erklärte. Das Weiße Haus erkannte den höchstrichterlichen Spruch jedoch nicht an. 1838 wurden die Cherokee auf einem 2000 km langen Gewaltmarsch nach Kansas und Oklahoma verbracht. Auf dem *Trail of Tears* kamen 4000 Indianer ums Leben. Heute posieren nicht wenige Ureinwohner des Ostens als „echte Häuptlinge" mit Federschmuck für die Kameras.

Doch neben vielen Problemen gibt es auch Erfolgsgeschichten. Die Legalisierung des Glücksspiels in den Reservaten verhalf manchen Stämmen zu einer neuen Einnahmequelle. Die Mashantucket-Pequot in Connecticut wurden sogar Multimillionäre: Ihr Foxwoods Casino bei Ledyard gehört zu den größten der Welt.

IVY LEAGUE

Die ältesten der rund 3700 Universitäten und Colleges der USA sind auch die renommiertesten: *Brown* in Providence (RI), *Columbia* in New York City (NY), *Cornell* in Ithaca (NY), *Dartmouth* in Hanover (NH), *Harvard* in Boston (MA), *Princeton* (NJ), *Pennsylvania* (PA) und *Yale* in New Haven (CT). Sie sind Karrieresprungbretter und kosten jährlich bis zu 35 000 $. Die Bezeichnung *Ivy League* (Efeuliga) stammt aus den 1940er-Jahren, als die Präsidenten dieser Hochschulen beschlossen, ihre Footballteams gegeneinander antreten zu lassen. Inzwischen wird auch Basketball und Baseball gespielt, messen sich die Teams der *Ivy League* im Rahmen der *NCAA (National Collegiate Athletic Association)* mit Uniteams aus allen Teilen des Lands. Im allgemeinen Sprachgebrauch symbolisiert der Begriff Kultur und Bildung der weltoffenen Ostküste.

NATURSCHUTZ

Als Reisende sehen Sie es sofort: Die Amerikaner werden grüner. Hollywood dreht diverse Realityshows zum Thema Umwelt, und in den Nationalparks fordern Schilder dazu auf, sich umweltfreundlich zu benehmen. Es gibt Papierkörbe und Sammelbehälter für recyclebare Aluminiumdosen – und in den Besucherzentren können Sie von netten Parkrangern viel über naturnahes Verhalten und ökologische Zusammenhän-

22   www.marcopolo.de/usa-ost

FAKTEN, MENSCHEN & NEWS

ge erfahren. Das täuscht jedoch nicht darüber hinweg, dass die USA in Sachen Umweltschutz erst am Anfang stehen. Zum Beispiel ist Wasser- und Energiesparen in Privathaushalten noch immer ein heikles Thema. Die gedankenlose Verschwendung von Ressourcen – beispielsweise warten Ehemänner noch immer stundenlang mit laufendem Motor auf ihre shoppenden Frauen – nimmt nur sehr langsam ab.

Parallel dazu kämpft auf allerhöchster Ebene die amerikanische Umweltschutzbehörde *EPA (Environmental Protection Agency)* gegen eine einflussreiche Opposition, die den Umweltschutz zwischen Atlantik und Pazifik für hohe Energiepreise, Arbeitslosigkeit, Überregulierung und Geldverschwendung verantwortlich macht. Tatsächlich laufen EPA-Gesetze und -Maßnahmen – wie z. B. die Regulierung von Klimagas und giftigen Emissionen aus Kohlekraftwerken sowie der Einsatz von Pestiziden – bei jeder Wahl in Washington Gefahr, eingeschränkt oder gar rückgängig gemacht zu werden.

NEW SOUTH

Die Niederlage der Südstaaten im Bürgerkrieg war total. Danach mussten die Beziehungen Herren–Sklaven und Bürger–Staat neu definiert werden. Nach über 100 Jahren scheint sich das um 1880 geprägte Schlagwort vom *New South* nun endlich zu realisieren: Die

Informatives über Native Americans gibt's im Pequot Museum in Connecticut zu erfahren

Wirtschaft wurde erfolgreich diversifiziert. Tabak und Baumwolle sind nicht mehr die alleinigen Devisenbringer. Die verarbeitende Industrie boomt, Atlanta gilt als Metropole des Neuen Südens. Über 3000 Schwarze wurden allein 2002 in öffentliche Ämter gewählt. Auch die Frauen des traditionell konservativen Südens haben sich von ihrer Rolle an Heim und Herd emanzipiert. Das Idealbild der schönen, aber unbedarften *southern belle* ist längst dem Leitbild der karriereorientierten *steel magnolia* gewichen.

23

Auch politisch redet der Süden wieder mit. Zwei der letzten neun US-Präsidenten waren Südstaatler, Präsident George W. Bush war zuvor Gouverneur von Texas.

PURITANISMUS

Unterwegs im Nordosten ist selten Positives über die Puritaner zu hören. Sie verfolgten, heißt es, Andersdenkende oder verbrannten sie als Ketzer, sie könnten nicht kochen und hätten auch sonst wenig Freude am Leben. Aber das ist nur die halbe Wahrheit. Die andere Hälfte besagt, dass sie das Wertesystem der USA prägten wie keine andere Gruppe. In England verfolgt, weil sie die *Church of England* von den als „katholischen Pomp" empfundenen Ritualen reinigen wollten, wanderten sie nach Amerika aus. 1620 kamen die ersten „Pilgerväter" an Bord der *Mayflower* in Plymouth (MA) an. Hier gründeten sie viele Städte und errichteten theokratisch geführte Gemeinwesen. Kern ihres Glaubens war die Prädestinationslehre. Danach hat der Mensch die Pflicht, Gottes Willen in der Welt zu erfüllen – über das tägliche Gebet, ein tugendhaftes Leben und harte Arbeit. Daher galt Wohlstand als eine moralische Errungenschaft – für Historiker eine der Grundlagen des amerikanischen Turbokapitalismus. Die Gewissheit, mit harter Arbeit in Amerika alles erreichen zu können, prägt das amerikanische Bewusstsein bis heute.

SUPER BOWL

Das Finale der US-amerikanischen *National Football League (NFL)* findet am ersten Sonntag im Februar statt. Bis zu 140 Milo. Amerikaner sehen das größte Einzelsportereignis der Welt, über 3 Mio. Dollar lassen Werbekunden für 30 Sekunden Werbezeit im Fernsehen springen! Kultstatus genießt die Halbzeitpause. Dort liefern die Topstars des internationalen Showbusiness spektakuläre Shows ab – und manchmal kontroverse Auftritte, wie Justin Timberlake und Janet Jackson, deren angeblicher Patzer dem Begriff

Südlich der Great Lakes wird vorwiegend Futtermais angebaut: Grundlage für die Rinderhaltung

FAKTEN, MENSCHEN & NEWS

„wardrobe malfunction" in den amerikanischen Wortschatz half. Das erfolgreichste Footballteam stammt übrigens aus dem Osten: Die Pittsburgh Steelers gewannen den Super Bowl sechs Mal.

WIRTSCHAFT

Die Wirtschaft des Ostens hat in ihrer langen Geschichte tief greifende Umbrüche erfahren. Neuengland, mit seiner Textilindustrie einst der Motor für die Industrialisierung der USA, sah im 20. Jh. eine lange Phase der Deindustrialisierung. Die verarbeitende Industrie wanderte in den Mittleren Westen ab und wurde u. a. durch einen vorbildlichen Erziehungs- und Gesundheitssektor und eine erfolgreiche Hightechbranche ersetzt. Letztere produziert vor allem Präzisionsinstrumente, Waffen, Hard- und Software sowie elektronische Accessoires. Neuenglands moderne Landwirtschaft bleibt trotz geringer Fläche ein leistungsfähiger Exporteur vorwiegend von Kartoffeln und Milchprodukten.

Ganz anders dagegen das Bild im Mittleren Westen diesseits des Mississippi. Im Raum der Großen Seen ist eine gigantische verarbeitende Industrie angesiedelt. Das Schicksal ihrer in Detroit konzentrierten Autobranche sorgte während der Finanzkrise weltweit für Schlagzeilen. Weiter südlich beginnt *the land of farms*, eines der wichtigsten Agrargebiete des Lands. Ohio und Illinois sind die größten Maisanbauer und Produzenten von Maisprodukten. Michigan und Wisconsin wiederum gehören zum sogenannten *dairy belt* und produzieren Milchprodukte, Gerste und Hafer. Ebenfalls hier zu Hause ist eine leistungsfähige Viehwirtschaft. Der einst monokulturell landwirtschaftliche Süden erlebt mit dem 20. Jh. eine boomartige Entwicklung seines Finanz- und Dienstleistungssektors und seiner Hightechindustrie. Montagewerke ausländischer Autohersteller (Toyota, BMW, Mercedes, Hyundai und Nissan) eröffneten in Alabama und den Carolinas. Atlanta bleibt Sitz zahlreicher global operierender Unternehmen.

YANKEES & SOUTHERNERS

Angeblich stammt der Name *yankee* von den im 17. Jh. in New York siedelnden Holländern. Diese wurden von ihren englischen Nachbarn in Connecticut als „Jan Kaas" oder „Janke" bezeichnet. Sie gelten als geschäftstüchtig und praktisch veranlagt. Ihr *yankee ingenuity* (Ideenreichtum) ist weltberühmt. Die Erfindung arbeitssparender Maschinen geht auf ihr Konto, aber auch Waffen mit austauschbaren Teilen und Investmentfonds.

Südlich von Washington leben die Südstaatler, die *southerners*, die verdammt stolz darauf sind, keine *yankees* zu sein. Diesen begegnen sie mit Vorbehalt, schließlich ist der Bürgerkrieg erst 140 Jahre her. Die *yankees*, das wissen sie jedoch genau, denken nur ans Geldverdienen und verstehen nichts von Frauen. Sei es, wie es sei – ganz gewiss verstehen sich die *southerners* auf das gute Leben, und die *southern hospitality* ist legendär. Sie haben immer Zeit für einen Plausch und halten ihre Familie in Ehren.

Die bekannteste Unterart der *southerners* sind übrigens die *rednecks*. Ursprünglich bezeichneten die Städter der Ostküste so die armen Weißen des Südens, ihnen Rassismus und einen latenten Hang zur Gewalttätigkeit unterstellend. Die heutigen *rednecks* weisen das von sich. Proletarier und stolz darauf sind sie jedoch noch immer. Sie heißen Bobby-Jack oder Billy-Bob, tragen auch im Restaurant Baseballmützen, hören *country music* und trinken mit ihren Freundinnen Anna-Mae und Norma-Jean Dosenbier auf der Haube ihres Pick-up-Trucks.

25

ESSEN & TRINKEN

So wie die wuchernden Vorstädte die regionalen Eigenheiten unter einem Fertighausdach verstecken, verstellen Zehntausende von Schnell- und Kettenrestaurants den Blick auf die regionalen Küchen.

Das ist zunächst nicht weiter schlimm. Der Preis ist korrekt, und es gibt keine Enttäuschungen, weil man sowieso nichts erwartet. So können Sie sich von Kanada bis Kuba morgens, mittags und abends preiswert den Bauch voll schlagen.

Der kulinarische Tagesablauf sähe dann so aus: Zum *breakfast* (Frühstück) gibt es Toast. Dazu wird Ei serviert, bei dem Sie sich entscheiden können zwischen *sunny side up* (normalem Spiegelei), *overeasy* (beidseitig gebratenem Spiegelei), *scrambled* (Rührei) und *poached egg* (gekochtem Ei). Die Beilagenklassiker sind *bacon* (Speckstreifen), *sausages* (Würstchen) und *hash brown potatoes* (Bratkartoffeln). Allerdings können Sie sich auch an Müsli, Cornflakes und Joghurt gütlich tun, denn die *Gesünderessen-Kampagnen* der Regierungen und die Gesundheitsshows tragen Früchte. Die Krise des Klöpsebraters McDonalds 2015 ist das beste Beispiel.

Wer es süßer liebt, kann *pancakes* (Pfannkuchen), *waffles* (Waffeln) oder *french toast* (in Ei gebackene Toastscheiben) bestellen und mit *maple sirup* (Ahornsirup) genießen. Dazu gibt es Kaffee, der *bottomless* (nur die erste Tasse wird bezahlt) serviert wird.

Der *lunch* (Mittagessen) fällt bescheidener aus: Ein Sandwich auf die Schnelle,

Bild: Kreolische Spezialität: *jambalaya*

Braune Bohnen, Grits & Jambalaya: Alle haben hier ihre kulinarischen Visitenkarten abgegeben – sogar die genussfeindlichen Puritaner

belegt mit *chicken* (Hühnchen) oder *tuna* (Thunfisch), reicht auch den Amerikanern. Erst beim *dinner* (Abendessen) mit *appetizer* (Vorspeise), *entree* (Hauptgericht) und *dessert* (Nachtisch) wird wieder zugeschlagen.

Die Standards der Schnellrestaurants sind Steaks, Burger, Brathühnchen, Pizza, Pasta und Salate, hinzu kommen Eiscreme, *tarts* (Torten) und *pies* (ungedeckte Kuchen). Das Fleisch kommt *rare* (rot), *medium rare* (halb durch) oder *well done* (gut durch) auf den Tisch, beim Dressing können Sie zwischen Fertigsaucen wie *Italian* (Öl, Essig, Kräuter, Zwiebeln) oder *French* (Öl, Essig, Senf, Knoblauch) wählen.

Nach ein paar Tagen **Cholesterinrausch** ist jedoch **Abwechslung** angesagt. Neuengland bietet mit *lobster* (Hummer) und *scallops* (Jakobsmuscheln) sowie diversen Fischgerichten reichlich kulinarischen Auslauf. Unbedingt versuchen sollten Sie den *Indian pudding*. Diese Nachspeise, ein Auflauf aus Zucker oder Ahornsirup, Milch und Maismehl, ließ

27

SPEZIALITÄTEN

NEUENGLAND

clam chowder – dicke Muschelsuppe mit Speck, Zwiebeln und Kartoffeln
Maine boiled lobster – gekochter Hummer mit Zitronensaft und Kräutern
yankee pot roast – langsam geschmorter Rinderbraten, meist mit Kartoffelbrei oder Maispudding gereicht

MITTLERE ATLANTIKSTAATEN

crab cakes – Krebsfleisch, zubereitet mit Mayonnaise, Senf und Worcestersauce und in heißem Öl gebacken
soft shell crabs – gebraten mit Petersilie und Zitrone serviert, gedünstet mit Graubrot angerichtet

DER SÜDEN: LOWCOUNTRY

barbecue shrimps – in ihrer Schale gebackene Garnelen, serviert mit Butter-Knoblauch-Sauce
Frogmore stew – deftiger Eintopf mit Würsten, Shrimps und Mais
lobster Savannah – überbackener Hummer in Sherrysauce
Mississippi mud pie – geschmolzene, mit Schokolade glasierte Marshmallows

DER SÜDEN: SOULFOOD

fried grits – Hafergrützeauflauf, angereichert mit allem, was der Küchenchef gerade zur Hand hat
purloo – Eintopf aus Reis, Huhn und/oder Wild, meist mit Okraschoten, Tomaten, Knoblauch und Thymian

LOUISIANA: CAJUN CUISINE

boudin – Wurst aus gewürztem Schweinefleisch, Reis und Zwiebeln
chicken gumbo – angedickter Eintopf mit Hühnchenfleisch und Gemüse
crawfish étouffée – gekochte Flusskrebse, zubereitet mit Cayennepfeffer, Sellerie und Tabasco (Foto li.)
gumbo – dicke Reissuppe mit Rindfleisch, Huhn oder Boudin-Wurst
po' boy – belegtes Baguette (Foto re.), einst Pausenbrot des Arbeiters *(poor boy)*

LOUISIANA: CREOLE CUISINE

jambalaya – scharfe Reisplatte mit Zutaten aus der Umgebung
shrimps creole – auf Reis servierte, mit Cayennepfeffer, Sellerie, Paprika und Tomatenmark zubereitete Shrimps

ESSEN & TRINKEN

schon die Puritaner das Tischgebet verkürzen.

Rund um die Chesapeake Bay sind die *blue crabs* eine Spezialität. Die bis zu 35 cm breiten Krebse werden in sogenannten *crab houses* als *soft shell* oder *hard shell crabs* serviert. In Virginia schmecken – und riechen – Sie dann zum ersten Mal den Süden: Willkommen in **Barbecue Country**, wo alles auf dem Holzkohlegrill endet, was Flügel oder vier Beine hat!

Weiter südlich haben das warme Klima und die Vielfalt der Kulturen regionale Küchen hervorgebracht, die als **Southern Cuisine** zusammengefasst werden. Im Küstentiefland rund um Charleston regiert die **Lowcountry Cuisine** mit gut gewürzten Hummer- und Shrimpsgerichten, die mit Reis gereicht werden. Ebenfalls afroamerikanisch inspiriert: **Soulfood**. Einst die Resteküche der armen Schwarzen zwischen Memphis und Detroit, wurde sie mit exotischen Zutaten zu einer eigenen Kochrichtung stilisiert, die in allen größeren Städten gute Soulfood-Restaurants hervorgebracht hat.

Es ist jedoch der tiefe Süden, der in wahre **kulinarische Ekstase** versetzt. Die Kochkünste der Franzosen, Spanier, Akadier und Sklaven aus Afrika und der Karibik flossen in und um New Orleans zu einer gänzlich unamerikanischen Kochtradition zusammen, die vor allem zwei Küchen hervorbrachte: die **Creole Cuisine** und die **Cajun Cuisine**. Erstere begann als Küche der städtischen Oberschicht und gilt heute dank raffinierter Zutaten wie Rockefelleraustern und herrlicher Saucen immer noch als elegant und *sophisticated*. Letztere ist die Küche der aus Nova Scotia stammenden Akadier, der Cajuns, und bringt scharf gewürzte Fleisch-, Fisch- und Suppeneintöpfe auf den Tisch.

Nicht unerwähnt bleiben dürfen die Nationalitätenrestaurants. Keine Stadt ohne Sushibar, kein Ort ohne Italiener, Griechen, Türken oder Mexikaner.

Eine relativ neue Entwicklung wird in der Regel unter dem Namen **New American Cuisine** zusammengefasst. Diese wird von jungen, kreativen Chefs getragen, die ihr Handwerk auf den immer beliebteren *culinary schools* oder langjährigen

Mund auf bis zum Anschlag – so schmeckt der *chicken burger*

Reisen gelernt haben und ihr Know-How nun in trendigen Restaurants mit marktfrischen Zutaten aus ihrem „Hinterhof" paaren.

Auch bei den alkoholischen Getränken haben Sie die Qual der Wahl. Die Zeit der Dünnbiere von *Schlitz* und *Budweiser* ist vorbei. Inzwischen gibt es überall die sogenannten **microbreweries**. Diese produzieren gute bis hervorragende Gerstensäfte – manchmal sogar nach dem deutschen Reinheitsgebot!

EINKAUFEN

Amerikaner kaufen nicht einfach nur ein. Sie wollen auch unterhalten werden. Die in den 1990er-Jahren vollzogene Trendwende zum „Schöner-Shoppen" hat inzwischen Einkaufszentren hervorgebracht, die nicht nur mit Restaurants und *coffee shops,* sondern auch mit Vergnügungsparks, Fitnessclubs und Wasserspielen derart ausgestattet sind, dass man leicht einen ganzen Tag in ihnen verbringt. Von der neuen Lust der Amerikaner auf Einkaufszonen menschlicheren Ausmaßes haben auch die lange vernachlässigten Innenstädte profitiert. Freier Raum wurde dort mit hochpreisigen Boutiquen, Kunstgalerien und Restaurants belegt. „Schöner shoppen" statt „shop 'til you drop" heißt auch hier die Devise. Sie werden staunen, wie schnell Sie Ihre Kreditkarte zücken!

INNER CITY SHOPPING

Schöne Beispiele für Shopping in historisch gewachsener Atmosphäre sind die Newbury Street in Boston *(www.newbury-st.com)*, die Altstadt von Savannah, das French Quarter in New Orleans *(www.frenchquarter.com/shopping)* und Georgetown in Washington D.C. *(www.georgetowndc.com)*.

MALLS

Viele Malls sind inzwischen selbst Attraktionen. ● Copley Place *(www.simon.com/mall/copley-place)* in Boston lockt mit Wasserfällen und Livedarbietungen. Das Flaggschiff von Macy's am Herald Square in New York *(www.macys.com)*, eine vertikale Mall aus neun Etagen, setzt ebenfalls voll auf Unterhaltung. Eine Stadt in der Stadt ist gar die King of Prussia Mall *(www.simon.com/mall/king-of-prussia)* bei Philadelphia, mit sieben Warenhäusern und 370 Geschäften, Modenschauen und Festivals die größte Mall der Ostküste. Atlantas Malls, allen voran die schicke ● Lenox Square *(www.simon.com/mall/lenox-square)*, wo die Luxushotels ringsum eigens Shoppingprogramme anbieten, haben die Metropole Georgias sogar zum Einkaufszentrum des gesamten Südens gemacht.

CAJUN-MUSIK AUS LOUISANA

Sie geht in die Beine, die Musik der Cajuns im Cajun Country. Wonach auch die Hiesigen gerne tanzen, gibt es als CDs in allen *general stores* gleich neben der Kasse zu kaufen. Besonders populäre Interpreten: Hadley Castille, Steve Riley &

Wie die Luft zum Atmen: Shopping ist in Amerika ein Grundbedürfnis mit Entertainment-Charakter

the Mamou Playboys und BeauSoleil sowie Interpreten des noch schmissigeren, afrikanisch gefärbten Zydeco, u. a. Clifton Chenier und Buckwheat Zydeco.

FOLK ART & ANTIQUITÄTEN AUS DEM SÜDEN

Erst kamen die Studenten, dann die Musiker und Studenten, dann die Künstler: Heute ist das Städtchen Athens *(www.visitathensga.com)* unweit von Atlanta nicht nur für seine Musikszene berühmt, sondern auch als idyllisches Einkaufsparadies. Besonders schöne Antiquitäten- und *Folk-art*-Läden gibt es in Five Points an der South Lumpkin Street.

KUNST & SHAKER-DOSEN AUS NEUENGLAND

Die besten Orte für Kunstgenuss und anregende Gespräche mit Kreativen: Provincetown (MA) mit zwei Dutzend Kunstgalerien und der Provincetown Art Association, Portland (ME) mit seinem dynamischen *Arts District* zwischen Old Port und Congress St. und dem Portland Museum of Art und North Adams (MA) mit seinem *MASS MoCa,* dem größten Museum für moderne Kunst im Land.

Die heute in vielen Workshops und Andenkenläden in Neuengland angebotenen ovalen Dosen stammen ursprünglich von der Religionsgemeinschaft der Shaker. Aus Ahornholzlatten gefertigt, kommen sie in allen Größen und halten ewig – getreu dem Shaker-Motto: „Do it once, and do it right!" Gute Shaker-Dosen gibt es im Hancock Shaker Village.

SHELL ART AUS FLORIDA

Zu Schmuck und Dekoartikeln verarbeitete Muscheln finden Sie vor allem in den Galerien an der Lee Island Coast im Südwesten Floridas. Dort gibt es über 400 Muschelarten, die mit Perlen, Korallen und Gold zu herrlichen Mitbringseln verarbeitet werden.

31

Bild: Pemaquid Peninsula, Maine

NEUENGLAND

Die Region in der Nordostecke der USA mutet fast europäisch an: Die Landschaft ist kleinräumig, die Städte liegen nahe beieinander, und ihre fast 400-jährige Geschichte vermittelt Beständigkeit.

Neuengländer restaurieren ihre Häuser lieber, als sie abzureißen. Sie haben die besten Schulen besucht, verdienen das meiste Geld. Keine Klischees, sondern Statistik. Zugleich könnte Neuengland nicht amerikanischer sein. Hier begann der Unabhängigkeitskrieg, und von hier aus nahm die Industrialisierung ihren Lauf. Nicht umsonst ist Neuengland stolz auf seinen Titel „Wiege der Nation".

Neuengland heute, das sind die Bundesstaaten Massachusetts (MA), Connecticut (CT), Maine (ME), New Hampshire (NH), Rhode Island (RI) und Vermont (VT).

Boston ist die heimliche Hauptstadt der Region und das Sprungbrett in das an Aktivitäten reiche Umland. Die Palette reicht vom Hiking in der subarktischen Wildnis der White Mountains bis zur Walbeobachtung vor Cape Cod oder Maine.

ACADIA NAT. PARK

(143 E–F3) *(M P3)* **Der einzige ★ Nationalpark Neuenglands, 143 km² klein und überwiegend auf dem vorgelagerten Mount Desert Island liegend, schützt eine faszinierende Landschaft mit über 400 m hohen, topfförmigen Granitkup-**

Amerikas gute Stube: In Neuengland sind die USA am europäischsten – und am amerikanischsten

pen, einem blauem Meer und grünen Wäldern.

Tageswanderungen wie auf dem *Jordan Pond Shore Trail* führen zu phantastischen Aussichten. Autofahrern vermittelt die 50 km lange *Loop Road* die Schönheit des Parks. Von ihr zweigt eine Straße auf den *Mount Cadillac* (504 m) ab. Basis für Touren ist der Ferienort *Bar Harbor* (5200 Ew.) an der Nordostseite. Einst Fischerhafen, ist er heute ganz auf Tourismus eingestimmt. Seit vielen Jahren führt die *Bar Harbor Whale Watch Company* (Preis ab 59 $ | 1 West St. | Tel. 207 2 88 23 86) von hier aus Walbeobachtungstouren durch.

Ein gemütliches Lokal mit Veranda am Wasser ist *Stewman's Lobster Pound* (35 West St. | Tel. 207 2 88 03 46 | €€€). Zum Übernachten empfiehlt sich in Bar Harbor das Motel am Ortseingang *Acadia Inn* (95 Zi. | 98 Eden St. | Tel. 207 2 88 35 00 | www.acadiainn.com | €€–€€€) mit großen Zimmern und Pool oder der **INSIDER TIPP** *Graycote Inn* (12 Zi. | 40 Holland Ave. | Tel. 207 2 88 30 44 | www.

33

BERKSHIRE HILLS

graycoteinn.com | €–€€€), ein schönes viktorianisches Haus und Bar Harbors Öko-Pionier mit vielen Energiespar- und Recyclingmaßnahmen.
Auskunft: *Bar Harbor Chamber of Commerce | 1201 Bar Harbor Rd. | Trenton (Festland) | Tel. 207 2 88 51 03 | www.barharborinfo.com*

ZIEL IN DER UMGEBUNG

MAINE COAST (143 E3) (*O–P3*)
Südwestlich des Parks beginnt eine imposante Küstenlandschaft – besonders fotogen zwischen der vitalen Hafenstadt *Portland* und *Bar Harbor*. Auf der Route 1 gelangen Sie bequem zu der 24 Stunden geöffneten *Factory-outlet*-Stadt *Freeport*, in der vorwiegend Textilhersteller ab Fabrik verkaufen. Die größte Shoppingattraktion ist *L. L. Bean (tgl. 24 Std. | Main St. und Bow St. | www.llbean.com)*, die amerikanische Outdoorinstitution. Landschaftlich besonders schön ist die

● ☼ *Pemaquid Peninsula* mit berühmtem Leuchtturm und dem sich in einer Felsenbucht räkelnden *Camden*.

BERKSHIRE HILLS

(142 C4–5) (*N4–5*) ★ **Die Ostküstenprominenz kürte diese friedvolle Hügellandschaft im Westen Massachusetts einst zur Sommerfrische.**

Gleich mehrere hübsche Städtchen liegen zwischen den dicht bewaldeten Hügelketten: *Stockbridge* (2000 Ew.), ein

Flammende Wälder: Anfang Oktober setzt in Maine die legendäre Laubfärbung ein

viktorianisches Juwel und untrennbar mit dem Namen des beliebten Malers Norman Rockwell verbunden, der Weiler *Becket*, der beim *Jacob's Pillow Dance Festival (Tickets: Tel. 413 2 43 07 45 | www.jacobspillow.org)* im Sommer zeigt, was Amerika und die Welt im modernen Tanz zu bieten haben, und das feine College-

NEUENGLAND

städtchen *Williamstown* (7900 Ew.), das eine der besten Kunstgalerien der Ostküste bietet. Das *MASS MoCA* mit den landesweit größten Ausstellungshallen für moderne Kunst liegt unweit davon in *North Adams* (14 000 Ew.). Und *Pittsfield* (44 000 Ew.), wiederholt (!) zu einem der zehn lebenswertesten Orte im Osten gekürt, ist wegen der *Shaker* ein Muss.

SEHENSWERTES

THE CLARK
Französische Impressionisten und alte europäische wie amerikanische Meister locken Kunstfans aus aller Welt. *Di–So 10–17 Uhr | Eintritt 20 $ | 225 South St. | Williamstown | www.clarkart.edu*

HANCOCK SHAKER VILLAGE
Das Freilichtmuseum dokumentiert Lebensstil und Philosophie dieser sanften Fundamentalisten, deren schlichte Möbel weltbekannt sind. *Tgl. 10–16 Uhr | Eintritt 20 $ | westlich Pittsfields an der Rte. 20 | www.hancockshakervillage.org*

MASSACHUSETTS MUSEUM OF CONTEMPORARY ARTS
Progressive amerikanische und internationale Moderne werkeln hier in 27 ehemaligen Fabrikhallen, so manche Installation nagt an konventionellen Wahrnehmungsgrenzen. Auch geführte Touren. *Tgl. 9–18 Uhr | Eintritt 18 $ | 87 Marshall St. | www.massmoca.org*

NORMAN ROCKWELL MUSEUM ●
Er konnte zwar auch anders, doch berühmt wurde Norman Rockwell (1894–1978) durch seine Titelbilder und Karrikaturen für die Saturday Evening Post. Ein Museum für Amerikas populärsten Maler. *Mai–Okt. tgl. 10–17, sonst Mo–Fr 10–16, Sa/So 10–17 Uhr | Eintritt 18 $ | Rte. 183 | Stockbridge | www.nrm.org*

ESSEN & TRINKEN/ ÜBERNACHTEN

THE ORCHARDS
Schlafen in Himmelbetten, feines Restaurant. Luxushotel mit Flair. *49 Zi. | 222 Adams Rd. | Williamstown | Tel. 413 4 58 96 11 | www.orchardshotel.com | €€–€€€*

INSIDER TIPP ▶ RED LION INN
Eine Institution seit 230 Jahren mit drei Restaurants und einem uralten Fahrstuhl. *108 Zi. | Main St. | Stockbridge | Tel. 413 2 98 55 45 | www.redlioninn.com | €–€€€*

AUSKUNFT

THE BERKSHIRES VISITORS BUREAU
66 Allen St. | Pittsfield | Tel. 413 7 43 45 00 (auch Hotelreservierungen) | www. berkshires.org

★ Acadia National Park
Die schönste Küste Maines als Nationalpark geschützt
→ S. 32

★ Berkshire Hills
Idyllische Hügel → S. 34

★ Freedom Trail
Bostons Spaziergang durch die Geschichte → S. 37

★ Provincetown
Walfängerhafen, Künstlerkolonie und endlose Strände
→ S. 41

★ Mount Washington
Neuenglands höchster Berg mit einer subarktischen Vegetation
→ S. 42

MARCO POLO HIGHLIGHTS

35

BOSTON

ZIEL IN DER UMGEBUNG

CONNECTICUT RIVER VALLEY
(142–143 C–D5) (*N5*)
Am idyllischen Unterlauf des längs durch Neuengland fließenden Connecticut River, knapp zwei Autostunden entfernt, prägen schläfrige Kolonialstädtchen das Bild. An der Mündung lohnt in *Old Lyme* (650 Ew.) das *Florence Griswold Museum (Di–Sa 10–17, So 13–17 Uhr | Eintritt 10 $ | 96 Lyme St. | www.florencegriswold museum.org)* mit seinen amerikanischen Impressionisten. In *Essex* (7000 Ew.) zeigt das *Connecticut River Museum (Ende Mai–Anf. Okt. tgl. 10–17, sonst Mo–Fr 10–17 Uhr | Eintritt 9 $ | 67 Main St. | www.ctrivermuseum.org)* eine Replik des ersten U-Boots der Welt. Schmissige Musicals führt das historische *Goodspeed Opera House (6 Main St. | www.goodspeed.org)* in *East Haddam* (9200 Ew.) auf.
Hartford (125 000 Ew.) liegt am Ende des schiffbaren Flussabschnitts. Die moderne Hauptstadt von Connecticut besitzt mit dem **INSIDER TIPP** *Mark Twain House & Museum (tgl. 9.30–17.30 Uhr, nur geführte Touren | Eintritt 16 $ | 351 Farmington Ave. | www.marktwainhouse.org)* ein herausragendes Museum über Leben und Werk des berühmten Schriftstellers.

BOSTON

KARTE IM HINTEREN UMSCHLAG
(143 D4–5) (*O4*) **Die Hauptstadt von Massachusetts (650 000 Ew.) ist immer busy: Postmoderne Bürotürme ragen über historischen Ziegelbauten in den Himmel, im Zehnminutentakt steigen Passagierjets von dem ins Meer gebauten Logan Airport auf.**
Die Verbindung von Bildung, Forschung, Kapital und Sport hat die Stadt geprägt. Die Eliteuni Harvard und Dutzende weiterer Institute sind ein Pool, aus dem Erfindungen wie Internet und Mikrowelle hervorgingen. Als Heimat von gleich vier Spitzenteams, nämlich den *Boston Red Sox* (Baseball), den *New England Patriots* (Football), den *Boston Bruins* (Eishockey) und den *Boston Celtics* (Basketball), gilt die Stadt am Charles River zudem als Sporthauptstadt der USA. Dabei ist Boston geschichts- und auch ein wenig standesbewusst. Bereits 1630 gegründet, feierte sich die Stadt im 19. Jh. als „Zentrum des Sonnensystems". Nobelviertel wie *Beacon Hill* und *Back Bay* erinnern an diese Zeit und geben Boston ein europäisches Flair.

CITY WOHIN ZUERST?
Stadtrundgänge beginnen in Boston auf dem **Boston Common** (Subway: Park Street Station) im Zentrum der Stadt, das ist einfach so. Der hier beginnende Freedom Trail entführt Sie in die dramatischen Kindertage des Lands. Zwei weitere Höhepunkte, die historischen Viertel Beacon Hill und Back Bay, beginnen unmittelbar am Nord- und am Westrand des Parks.

SEHENSWERTES

BACK BAY
Fünf schnurgerade Straßen mit prächtigen Häusern kennzeichnen das im 19. Jh. nach Pariser Vorbild entstandene Viertel. Hier finden Sie Museen, Restaurants und die edle Shoppingmeile *Newbury Street*. Unübersehbar an dem von architektonischer Vielfalt geprägten *Copley Square* ragt der blau schimmernde *John Hancock Tower* 241 m in die Höhe, den der Bostoner Stararchitekt I. M. Pei für die gleichnamige Versicherungsgesellschaft erbaute. Neoromanisch präsentiert sich

36 www.marcopolo.de/usa-ost

NEUENGLAND

die *Trinity Church* von 1877. Und die wuchtige 🟢 *Boston Public Library* (Mo–Do 9–21, Fr/Sa 9–17, So 13–17 Uhr) von 1848 besitzt ein wunderbares Atrium mit entspannter Atmosphäre und sehenswerte Wandgemälde. Elegante Shops und Bars finden Sie im Einkaufszentrum *Copley Place*, von dem aus Sie den 🌿 *Prudential Tower* (Skywalk | tgl. 10–22 Uhr | Eintritt 17 $) mit tollem Blick aus dem 50. Stock erreichen.

kriegs führten. *Touren tgl. 10–17 Uhr | Preis 25 $ | Congress Street Bridge | www.bostonteapartyship.com*

FREEDOM TRAIL ★

Folgen Sie einfach der 4 km langen roten Linie auf dem Bürgersteig: Sie beginnt am 1634 angelegten Stadtpark *Boston Common* und führt, vorbei an der *Park Street Church,* dem *Old South*

Kulisse für historische Gebäude wie die Faneuil Hall sind die Wolkenkratzer Bostons

BEACON HILL

Rotziegelige Stadthäuser mit Erkern und gusseisernen Geländern versetzen Sie zurück ins Droschkenzeitalter, als Beacon Hill für die Oberschicht gebaut wurde. Die schönsten Straßen sind INSIDERTIPP *Acorn Street* – hier wohnte die Dienerschaft – und *Mount Vernon Street*.

BOSTON TEA PARTY SHIPS & MUSEUM

Das Museum rekonstruiert mit spannend inszenierten Spielszenen jene Ereignisse, die zum Beginn des Unabhängigkeits-

Meeting House und der *Faneuil Hall* quer durch *Downtown* und *North End* nach *Charlestown*. Dabei berührt sie alle stadtgeschichtlich bedeutsamen Stätten des Freiheitskampfs, darunter das *Old State House*, von dessen Balkon aus John Adams 1776 die Unabhängigkeitserklärung verlas. *www.thefreedomtrail.org*

ISABELLA STEWART GARDNER MUSEUM

Die Sammlung der früheren Society-Queen enthält INSIDERTIPP unbezahlbare

37

BOSTON

Alte Meister, Skulpturen und Möbel. *Mi–Mo 11–17, Do bis 21 Uhr | Eintritt 15 $ | 280 The Fenway | www.gardnermuseum.org*

INSIDER TIPP ▶ MUSEUM OF AFRO-AMERICAN HISTORY

Gewidmet ist das Museum der oft vernachlässigten Geschichte der schwarzen Bostonians. *Mo–Sa 10–16 Uhr | Eintritt 5 $ | 46 Joy St. und Smith Court | www.afroammuseum.org*

MUSEUM OF FINE ARTS

Über 1 Mio. bedeutende Kunstwerke beherbergt dieses grandiose, frisch erweiterte Museum. Außergewöhnlich: die Porträtsammlung prominenter Bostoner. *Mo/Di 10–16.45, Mi–Fr 10–21.45, Sa/So 10–16.45 Uhr | Eintritt 25 $ | 465 Huntington Ave. | www.mfa.org*

ESSEN & TRINKEN

MAMMA MARIA

Toskanische Küche, die Nr. 1 im North End. *3 N Square | Tel. 617 5 23 00 77 | €€–€€€*

METROPOLIS CAFÉ

Cooles Bistro im South End. Neue amerikanische Küche mit mediterranem Akzent. Lecker: die Kastaniensuppe mit Foie gras. *584 Tremont St. | Tel. 617 2 47 29 31 | €€*

INSIDER TIPP ▶ SALTS

Klein und fast zu übersehen. Dabei werden hier französisch inspirierte und mit Blumen dekorierte Kreationen serviert! *798 Main St. | Cambridge | Tel. (Mo–Fr 10–17 Uhr) 617 8 76 84 44 | €€€*

EINKAUFEN

Shoppen in vier hervorragenden Einkaufszonen: der exquisiten *Modemeile Newbury Street,* der quirligen *Shops at Prudential Center,* der eleganten *Copley Place Mall* und dem alten *North End* mit seinen Spezialitätengeschäften.

AM ABEND

Klassikfreunden ein Begriff: das *Boston Symphony Orchestra (Symphony Hall | 301 Massachusetts Ave. | Tel. 617 2 66 14 92)*. Gutes Theater sehen Sie im *Citi Performing Arts Center (270 Tremont St. | Tel. 617 4 82 93 93)*, Musicals im *Shubert Theatre* im gleichen Haus.

Die besten Bars liegen am *Common*, an der *Boylston Street* und in *Back Bay.* Im Wohnviertel *The Fenway* finden Sie Studentenkneipen und Amateurbühnen. Was wann los ist, steht donnerstags im „Boston Globe".

ÜBERNACHTEN

B & B AGENCY OF BOSTON

Die Agentur vermittelt bezahlbare Apartments und B & Bs. *47 Commercial Wharf | Suite 3 | Tel. 617 7 20 35 40, 1 800 2 48 92 62 | www.boston-bnbagency.com*

MILNER HOTEL

Preiswertes, unweit des Common gelegenes Stadthotel mit kleinen, aber sauberen Zimmern. *64 Zi. | 78 Charles St. S | Tel. 617 4 26 62 20 | www.boston.milnerhotels.com | €€*

NEWBURY GUEST HOUSE

Schön altmodisch, trotz Lage in Back Bay bezahlbar. *32 Zi. | 261 Newbury St. | Tel. 617 6 70 60 00 | www.newburyguesthouse.com | €€–€€€*

FREIZEIT & SPORT

1300 grau-grüne Bikes des öffentlichen Leihradsystems *Hubway (unter 30 Min. gratis, 3 Tage 12 $ plus stdl. Abrechnung) |*

NEUENGLAND

www.thehubway.com) warten an 140 über die Innenstadt verteilten Stationen. Der schönste der Bostoner Radwege ist der neue, auch Fußgängern zugängliche und der Waterkant folgende *HarborWalk (www.bostonharborwalk.com)*, der von Charlestown bis nach South Boston führt.

AUSKUNFT

GREATER BOSTON CONVENTION & VISITORS BUREAU
2 Copley Place | Suite 105 | Tel. 1888 7 33 26 78, 617 5 36 41 00 | wwwbostonusa. com; Infopavillon am Boston Common

ZIELE IN DER UMGEBUNG

CAMBRIDGE ☼ **(143 D4)** (*O4*)
Die fünf Autominuten von Boston entfernte Stadt (108 000 Ew.) – auch mit der Subway erreichbar – ist Sitz der 1638 gegründeten *Harvard University*. Hier finden Sie Collegeflair und gute Kunstmuseen. Sehenswert sind vor allem die aus mehreren Kunstmuseen bestehenden *Harvard Art Museums (tgl. 10–17 Uhr | Eintritt 15 $ | 32 Quincy St.)*.

LEXINGTON/CONCORD (143 D4) (*O4*)
In *Lexington* (20 Minuten Fahrt von Boston entfernt) fielen 1775 die ersten Schüsse des Unabhängigkeitskriegs. Heute scharen sich Touristen um den *Battlefield Green* – Schauplatz der historischen Schießerei – mit seinen Kolonialhäusern und -tavernen.

Im ruhigeren Nachbarort *Concord* steckten die Briten ihre erste Niederlage ein, an der *Old North Bridge* wurden sie von amerikanischen Kolonisten in die Flucht geschlagen. Freunden amerikanischer Literatur zu empfehlen ist das Ralph W. Emerson und Henry D. Thoreau gewidmete *Concord Museum (April–Dez. Mo–Sa 9–17, So 12–17, sonst Mo–Sa 11–16, So*

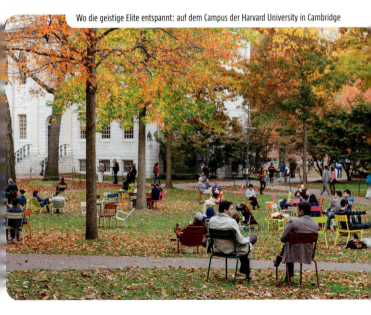

Wo die geistige Elite entspannt: auf dem Campus der Harvard University in Cambridge

39

CAPE COD

13–16 Uhr | Eintritt 10 $ | 200 Lexington Rd. | www.concordmuseum.org). Die Dichter lebten hier um 1850.

PLYMOUTH (143 D5) (⌘ O5)
Hier begann 1620 Neuengland. In jenem Jahr landeten in Plymouth (58 000 Ew.) die „Pilgerväter" – ein Ereignis, an das vielfach in diesem Küstenort, ca. 40 Minuten südlich von Boston, erinnert wird. Sehenswert: der Nachbau der *Mayflower* an der Pier und das Museumsdorf *Plimoth Plantation (März–Nov. tgl. 9–17.30 Uhr | Kombiticket 29,50 $ | www. plimoth.org)* etwas außerhalb der Stadt. Mit strohgedeckten Hütten, Palisaden und schauspielenden Bewohnern stellt es Plymouth anno 1627 dar.

SALEM (143 D4) (⌘ O4)
Die alte Handelsstadt (43 000 Ew.), 30 Minuten nördlich von Boston, ist wegen ihrer Hexenverfolgungen berühmt-berüchtigt. Wie die Puritaner 1692 mit Hexen verfuhren, zeigen schauerliche Attraktionen wie das *Salem Witch Museum (tgl. 10–17 Uhr | Eintritt 10 $ | Washington Square)* oder das *Witch Dungeon Museum (tgl. 10–17 Uhr | Eintritt 9 $ | 16 Lynde St.)*. Seriöser ist das Salems Chinahandel gewidmete **INSIDER TIPP** *Peabody Essex Museum (Di–So 10–17 Uhr | Eintritt 18 $ | E India Square | www.pem.org)*, das herrliche Handelsware aus dem Reich der Mitte besitzt.

CAPE COD

(143 E5) (⌘ O4–5) Lange Sandstrände und pastellfarbene Spätnachmittage sind das Markenzeichen dieses beliebten Feriengebiets auf einer hakenförmigen Halbinsel.

SEHENSWERTES

CAPE COD MUSEUM OF ARTS
Hier sind die schönsten Gemälde von Cape Cod versammelt. *Di–Sa 10–17, So 12–17 Uhr | Eintritt 9 $ | Rte. 6 A | Dennis | www.ccmoa.org*

HERITAGE MUSEUMS & GARDENS
Das große Museum zeigt tolle Oldtimer und Volkskunst aus ganz Amerika. *April–Okt tgl. 10–17 Uhr | Eintritt 18 $ | Grove St. und Pine St. | Sandwich | heritagemuseumsandgardens.org*

PROVINCETOWN ★
Der verschachtelte, alte Walfängerhafen (3500 Ew.), gelegen zwischen hohen Sanddünen, gilt als liberalste Gemeinde östlich von San Francisco. Kein Wunder, zieht er seit 1900 Künstler und Homosexuelle an. Zahlreiche der Bars, Clubs und Musikkneipen an der *Commercial Street* genießen Legendenstatus.
Ein ungewöhnliches Museum zu der rauen Vergangenheit des Orts ist das dem

INDIAN SUMMER

Wie kommt es zu der berühmten Laubverfärbung? Anders als in Europa sind die Bäume in Neuengland starken Temperaturschwankungen ausgesetzt. Das lässt die Nährstoffproduktion extrem zurückgehen. Zudem sorgt ein nur hier vorkommendes Pigment, Anthocyan, mit knalligen Rottönen jedes Jahr Anfang Oktober für eine dramatisch-feurige Verfärbung.

NEUENGLAND

Traumstrände und rotglühende Sonnenuntergänge: Ferienparadies Cape Cod

Piraten „Black Sam" Bellamy gewidmete *Whydah Museum (April–Okt. tgl. 10–17 Uhr | Eintritt 10 $)* auf der Macmillan Wharf.

Vom 80 m hohen *Pilgrim Monument (April–Mai tgl. 9–17, Juni–Sept. 9–19, Okt.–Dez. 9–17 Uhr | Eintritt 12 $ inkl. Museum)*, einem Denkmal für die Pilgerväter, haben Sie einen herrlichen Blick bis nach Boston. Unterwegs lohnen die 70 km langen Sandstrände des *Cape Cod National Seashore (www.nps.gov/caco)* das Aussteigen.

ESSEN & TRINKEN/ÜBERNACHTEN

INSIDER TIPP BELFRY INNE

Urgemütliches Haus im verspielten Queen-Anne-Style. Weitere Zimmer und ein Restaurant befinden sich nebenan in der ehemaligen Kirche und im eleganten *Village House. 21 Zi. | 8 Jarves St. | Sandwich | Tel. 508 8 88 85 50 | www.belfryinn.com | €€–€€€*

EBEN HOUSE

2015 neu eröffnet: ein elegantes B & B mit Gratis-WLAN und leckerem Frühstück auf der Terrasse. *14 Zi. | 90 Bradford St. | Provincetown | Tel. 508 4 87 03 86 | www.fairbanksinn.com | €€–€€€*

EINKAUFEN

Die alte Route 6 A ist wegen ihrer Antiquitätenläden als *antiquity row* bekannt. Besonders gute Händler finden Sie in *Brewster* und *Dennis.* Schrille Boutiquen und gute Kunstgalerien hingegen drängen sich an der Commercial Street in *Provincetown.*

FREIZEIT & SPORT

Die **INSIDER TIPP Radwege rund um Provincetown** führen durch ausgedehnte Dünenlandschaften. Räder können Sie bei mehreren Verleihern der Stadt mieten. Die besten Badestrände vor Ort sind *Race Point* und *Herring Cove. Nauset Beach* ist

41

MOUNT WASHINGTON

der schönste Strand im *Cape Cod National Seashore.* Start und Ziel von Walbeobachtungstouren ist die *MacMillan Wharf* in Provincetown.

AUSKUNFT

CAPE COD CHAMBER OF COMMERCE
5 Patti Page Way | Centerville | Tel. 508 3 62 32 25 | www.capecodchamber.org

MOUNT WASHINGTON

(143 D3) (*O3–4*) ☼ **Dank seiner niedrigen Baumgrenze und einer vegetationslosen Mondlandschaft im Gipfelbereich wirkt der ★ Mount Washington, mit 1917 m der höchste Berg Neuenglands, wesentlich höher.**

Dort erwartet Sie eine bunkerähnliche Wetterstation mit Restaurant und ein grandioser Rundumblick. Der *Appalachian Mountain Club* unterhält in dieser Region mehrere 100 km teilweise schwerer *hiking trails* und Wanderhütten. Nähere Infos, auch zur Flora und Fauna am Mount Washington, gibt es im AMC Pinkham Notch Visitor Center *(tgl. 9–17.30 Uhr | Rte. 16 | Gorham | Tel. 603 4 66 27 21 | www.outdoors.org).*

SEHENSWERTES

AUTO ROAD ●
Knapp 13 km lang, schraubt sich die gebührenpflichtige Straße von Glen House aus *(Rte. 16)* in dramatischen Serpentinen durch alle Vegetationszonen Neuenglands hinauf auf den Gipfel. *Mai–Okt. tgl. 8–16, Juni–Sept. 8–18 Uhr | 28 $ für Auto und Fahrer, jeder weitere Erwachsene 8 $*

MOUNT WASHINGTON COG RAILWAY
Auf der anderen Seite des Bergs dampft seit 1869 die älteste Zahnradbahn der Welt den Berg hinauf – und verbraucht jedes Mal 1 t Kohle und 4000 l Kühlwasser. *Ende April–Okt., wetterabhängig | Ticket 66 $ | Rte. 302, Base Rd. | Tel. 603 2 78 54 04 | www.thecog.com*

ESSEN & TRINKEN

THE SHANNON DOOR PUB
Restaurant und irischer Pub, der erstklassige Pizza serviert. *Rte. 16 und 16 A | Jackson | Tel. 603 3 83 42 11 | €*

ÜBERNACHTEN

OMNI MOUNT WASHINGTON RESORT
Herrliches, renoviertes Grandhotel zu Füßen des Bergs mit Golfplatz. *200 Zi. | Rte. 302 | Bretton Woods | Tel. 603 2 78 10 00 | www.mountwashingtonresort.com | €€€*

NEWPORT

(143 D5) (*O5*) ☼ **Die Seglerhauptstadt der USA (24 700 Ew.) trug bis 1983 den berühmten „America's Cup" aus. Von der Long Wharf, wo die College Kids in Bars und Clubs feiern, können Sie die schönsten Yachten der Welt bestaunen.**

Rockefeller & Co. diente Newport einst als Sommerfrische. Zwischen *Ocean Drive* und dem auf Klippen liegenden Spazierweg ☼ *Cliff Walk* entstanden bis 1900 viele Schlösser auf dem Granit, sogenannte *mansions,* die manchen König in Europa vor Neid erblassen ließen, darunter die „Sommerhäuser" der Vanderbilts: das *Breakers (44 Ochre Point/Ruggles Ave.)* und das *Marble House (596 Bellevue Ave. | beide April–Okt. tgl. 10–17 Uhr, Nov.–März unterschiedliche Öffnungszeiten).* Diese und weitere Schlös-

NEUENGLAND

Schon am frühen Morgen wird aufgetakelt – in Newport ist der Segelsport zu Hause

ser können Sie mit einem Ticket der *Preservation Society of Newport (Eintritt 2 Schlösser 26 $ | Tel. 401 8 47 10 00 | www.newportmansions.org)* besichtigen.

Moderne amerikanische Küche in historischem Ambiente (Bewirtung seit 1687) in zwei Restaurants bietet die *White Horse Tavern (26 Marlborough St. | Tel. 401 8 49 36 00 | €€ und €€€)*. 23 gemütliche Zimmer finden Sie im *Jailhouse Inn (13 Marlborough St. | Tel. 401 8 47 46 38 | www.jailhouse.com | €€–€€€)*, einem ehemaligen Kolonialgefängnis. Abends geht's in die alte ● *Thames Street,* wo sich die Bars und Lokale wie Perlen auf der Schnur aneinanderreihen.

Auskunft: *Visitor Information Center | 23 America's Cup Ave. | Tel. 401 8 45 91 23 | www.discovernewport.com*

ZIELE IN DER UMGEBUNG

MYSTIC (143 D5) (*O5*)

Eine Autostunde westlich schlummert das Städtchen Mystic (4200 Ew.). An die Zeit als Walfängerhafen erinnert hier das Freilichtmuseum *Mystic Seaport (tgl. 9–17 Uhr | Eintritt 25 $ | 75 Greenmanville Ave.)*. Der Dreimaster „Charles W. Morgan", der letzte schwimmende Walfänger, ist eines der Glanzstücke.

20 Minuten landeinwärts lohnt beim *Foxwoods Casino* in *Mashantucket* das von den Pequot-Indianern geführte *Mashantucket Pequot Museum (Mi–Sa 9–17 Uhr | Eintritt 20 $ | 110 Pequot Trail)* einen Abstecher.

NEW BEDFORD (143 D5) (*O5*)

Die 95 000-Einwohner-Stadt rund 60 km nordöstlich von Newport war früher ein bedeutender Walfängerhafen, den Herman Melville in seinem Klassiker „Moby Dick" beschrieb.

Literarisch verewigt hat Melville auch die kleine Kapelle *Seaman's Bethel (tgl. 10–16 Uhr)*. Das *New Bedford Whaling Museum (April–Dez. tgl. 9–17, sonst Di–Sa 9–16, So 11–16 Uhr | Eintritt 14 $ | 18 Johnny Cake Hill, via I-96, Exit 90 | www.*

43

PORTLAND

whalingmuseum.org), das beste seiner Art in Neuengland, widmet sich dem Walfang des 18. und 19. Jhs. Zu sehen ist auch ein 27 m langes Modell eines alten Walfangschiffs.

PORTLAND

(143 D3–4) (*ⓜ O4*) **Portland ist das kulturelle Zentrum von Maine. Einfach schön, wie sich die 66 500-Einwohner-Stadt die Hänge der Casco Bay emporrankt und mit ihren Galerien, *coffee shops* und Trendboutiquen Weltoffenheit demonstriert.**

1632 gegründet und seitdem mehrmals niedergebrannt, erholte sich die Hafenstadt noch stets und ist heute vor allem bei jungen Familien als Wohnsitz beliebt.

SEHENSWERTES

DOWNTOWN/OLD PORT

Portlands bedeutendste Sehenswürdigkeit in der übersichtlichen Downtown ist das *Portland Museum of Art (tgl. 10–17, Fr bis 21 Uhr | Eintritt 12 $ | 7 Congress Sq. | www.portland museum.org)* mit seiner großen Gemäldesammlung, u. a. mit Werken von Edward Hopper und Winslow Homer. Danach können Sie zum *Old Port Exchange* am Wasser hinunterschlendern. Das charmante alte Hafenviertel mit Pubs und Galerien in alten Gemäuern liegt zwischen Pearl und Exchange Street.

ESSEN & TRINKEN

STREET & CO.

Bestes Seafood, vor allem Hummer mit Knoblauchsauce, in historischem Lagerhausambiente. *33 Wharf St. | Tel. 207 775 08 87 | €€–€€€*

ÜBERNACHTEN

THE INN AT PARK SPRING

Hübsches kleines B & B, fußgängerfreundlich gelegen mit urgemütlich eingerichteten Zimmern. *6 Zi. | 135 Spring St. | Tel. 207 774 10 59 | www.innat parkspring.com | €–€€*

AUSKUNFT

CONVENTION & VISITORS BUREAU

94 Commercial St. | Portland | Tel. 207 772 58 00 | www.visitportland.com

ZIEL IN DER UMGEBUNG

POPHAM BEACH STATE PARK

(143 E3) (*ⓜ O3*) Vorbei an der 20 Minuten nordöstlich von Portland liegenden, 24 Stunden geöffneten *Factory-outlet*-Stadt *Freeport* erreichen Sie über *Bath* den *Popham Beach State Park* mit fotogenen, bei Ebbe begehbaren Klippen und mehreren Kilometern bestem Sandstrand.

LOW BUDGET

Boston: Livemusik lokaler Jazz-, Blues- und Rockbands gratis und ohne Konsumzwang gibt's in *Lucky's Lounge (355 Congress St. | Tel. 617 3 57 58 25)*. Besonders beliebt: der *Sinatra Sunday!*

Eine Ubernachtung in Bostons Vierteln North End und Back Bay ist teuer. Dennoch lässt sich hier oftmals viel Geld sparen. Online-Reservierungsseiten wie *www.hotwire, www. orbitz.com* und *www.expedia.com* helfen dabei

---

44   www.marcopolo.de/usa-ost

NEUENGLAND

STOWE

Auskunft: *Stowe Area Association | 51 Main St. | Tel. 802 2 53 73 21 | www.gostowe.com*

(142 C3) (*N3*) **Im Herzen der Green Mountains gelegen, ist Stowe (4600 Ew.) der Vier-Jahreszeiten-Spielplatz von Neuengland.**

Wandern, Biking und Mountainbiking sind hier im Sommer, Skilaufen im Winter beliebt. Auf der *Mount Mansfield Auto Road (Ende Mai–Okt. tgl. 9–16 Uhr | 19 $ pro Auto)* können Sie den 1339 m hohen Hausberg von Stowe auch per Auto „erklimmen". Eine weitläufige Übernachtungsmöglichkeit mit umfangreichem Fitnessangebot ist *Stowehof Inn & Resort (44 Zi. | 434 Edson Hill Rd. | Tel. 802 2 53 97 22 | www.stowehofinn.com | €€–€€€)*. Alpenländisch-Deftiges erhalten Sie in der *Trapp Family Lodge (93 Zi. | 700 Trapp Hill | Tel. 802 2 53 85 11 | www.trappfamily.com | €€€)*, der aus der TV-Serie bekannten Trapp-Familie.

ZIELE IN DER UMGEBUNG

MONTPELIER/BURLINGTON
(142 C3) (*N3*)

Im Umkreis einer Autostunde liegen hübsche Städtchen: *Montpelier* (8200 Ew.), die kleinste Hauptstadt der USA, lockt mit überraschend weltoffener Atmosphäre und einem imposanten *State Capitol* mit vergoldeter Kuppel.

Burlington (42 500 Ew.) am Ufer des Lake Champlain besitzt ein fußgängerfreundliches Zentrum, in dem sich auch internationale Trendmarken niedergelassen haben. Das gute *Shelburne Museum (Mai–Okt. tgl. 10–17 Uhr | Eintritt 24 $ | Rte. 7 | www.shelburnemuseum.org)* am Südrand der Stadt enthält zahllose Raritäten, darunter einen Raddampfer und eine berühmte Rembrandt-Sammlung.

State Capitol – in edler Architektur residieren die Abgeordneten von Montpelier

45

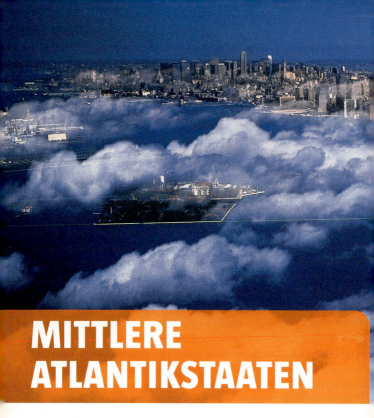

MITTLERE ATLANTIKSTAATEN

Weißes Haus, Pentagon, Empire State Building: amerikanische Symbole, weltweit bekannt. Die Bundeshauptstadt Washington ist das Herz, New York der Schrittmacher der Nation.

Die übrigen Staaten New Jersey (NJ), Pennsylvania (PA) und Maryland (MD) blühen da ein wenig im Verborgenen, dabei bestechen sie durch Vielfalt auf engstem Raum. Während ein Niesen von der Wall Street die halbe Welt in Aufregung versetzt, leben die Amischen in Pennsylvanias Lancaster County ohne Elektrizität, schwingen in Atlantic City knapp bekleidete Showgirls ihre langen Beine, hausen im Shenandoah Nationalpark Schwarzbären und Wildkatzen. Maryland hat Dörfer so idyllisch, dass man am liebsten den Lebensabend in ihnen verbringen würde, und jenseits der Appalachen präsentiert sich der einstige „Kohlepott" Pittsburgh als neue Kulturhauptstadt der Region.

Weitere Infos finden Sie in den MARCO POLOs „New York" und „Washington D. C.".

ANNAPOLIS

(147 E1) *(L–M7)* **An der Chesapeake Bay liegt die 1649 gegründete Hauptstadt Marylands (40 000 Ew.) mit einer fotogenen Altstadt aus 1500 historischen Häusern und einem hübschen Hafen.**

Wenn Sie hier nicht nur bummeln wollen, können Sie an einer Tour durch die *US Naval Academy (tgl. 9–17 Uhr | Eintritt*

46　Bild: New York aus der Vogelperspektive

Region der Kontraste: Zwischen New York und Washington demonstriert Amerika vielseitige Lebensqualität und Traditionsbewusstsein

10,50 $ | Beginn am Armel-Leftwich Visitor Center, Gate 1 | 52 King George St.) teilnehmen. Neben dem Marinemuseum ist der mittägliche Appell der uniformierten Kadetten sehenswert. Und über Marylands Geschichte der Rassentrennung können Sie sich im INSIDERTIPP *Banneker-Douglass Museum* (Di–Sa 10–16 Uhr | Eintritt frei | 84 Franklin St. | www.bdmuseum.maryland.gov) informieren. Auskunft: *Annapolis Visitors Bureau | 26 West St. | Tel. 410 2 80 04 45 | www.visitannapolis.org*

ATLANTIC CITY

(147 F1) (*M6*) **Die Freigabe des Glücksspiels in Amerika 1976 rettete das siechende Strandbad vor den Toren New Yorks. Seitdem gilt Atlantic City (40 000 Ew.) als „Las Vegas des Ostens".** Riesige Themenhotels beherbergen Kasinos, Konzerthallen und Restaurants. Hier wird „Miss America" gewählt, verhauen sich die Boxchampions. Die meisten Resorts befinden sich am *Boardwalk*.

BALTIMORE

Im restaurierten Inner Harbour District von Baltimore tobt das Leben fast wie in Las Vegas

Dieser Großvater aller amerikanischen Boardwalks, an dem auch die für ihr Entertainment berühmte *Steel Pier* liegt, wurde 1870 eigentlich angelegt, um den Sand von den Strandhotels fernzuhalten. Heute befinden sich hier vor allem das *Caesars Atlantic City (www.caesarsac.com)*, ein 1500-Zimmer-Mega-Entertainmentpalast mit Bühnen für Popkonzerte und Kasinos, Restaurants und Nachtclubs. Unweit davon erheben sich der pseudoorientalische Palast *Trump Taj Mahal (www.trumptaj.com)*, seit Kurzem überragt vom nagelneuen *Chairman Tower*. Auch hier gilt: Richtig schön ist nur, was alles andere in den Schatten stellt.
Auskunft: *Atlantic City Convention & Visitors Authority | 2314 Pacific Ave. | Tel. 609 3 48 71 00 | www.atlanticcitynj.com*

BALTIMORE

(147 E1) *(M L6)* **Die früher nicht vorzeigbare Arbeiterstadt (623 000 Ew.) am Ende der Chesapeake Bay erlebt seit den 1970er-Jahren eine Renaissance.**
Ihr rauer Charme indes ist geblieben. Die Sehenswürdigkeiten konzentrieren sich rund um den restaurierten *Inner Harbor*. Alle Fans historischer Lokomotiven zieht es ins *B & O Railroad Museum (Mo–Sa 10–16, So 11–16 Uhr | Eintritt 18 $ | 901 W Pratt St. | www.borail.org)* samt komplettem Bahnhof von 1830.
Fells Point mit seinen Musikkneipen gilt als das Gravitationszentrum der Nachtschwärmer. Hier können Sie bei *Bertha's (734 S Broadway | Tel. 410 3 27 57 95 | €–€€)* auch wunderbar Muscheln oder bei *Chiapparelli's (237 S High St. | Tel. 410 8 37 03 09 | €€)* süditalienische Gerichte wie *shrimp parmigiana* genießen. Beliebt ist vor allem abends auch das *Power Plant Live*, im Inner Harbor *(34 Market Place)*.
Wenn Sie danach stilvoll in historischem Ambiente nächtigen wollen, empfiehlt sich das *Admiral Fell Inn (80 Zi. | 888 S Broadway | Tel. 410 5 22 73 80 | www.admiralfell.com | €€–€€€)*. Und das *Holiday Inn Express at the Stadiums (1701 Russel St. | Tel. 855 4 17 01 51 | €–€€)* bietet 120 saubere Standardzimmer nahe dem Inner Harbor.
Auskunft: *Baltimore Area Visitor Center | 100 Light St. | Tel. 410 6 59 73 00 | www.baltimore.org*

MITTLERE ATLANTIKSTAATEN

HUDSON VALLEY

(142 C5) (M5) **Der Hudson River, von seiner Quelle in den Adirondacks bis zur Mündung in den Atlantik in New York City 500 km lang, ist geschichtsträchtig wie kein anderer Fluss in Amerika.**

Henry Hudson gab ihm 1609 seinen Namen, danach kamen Siedler und jene Familien, deren prominenteste Mitglieder die Geschicke einer aufstrebenden Nation entscheidend mitbestimmen sollten. Die Landschaft an seinen Ufern, mal rau und bergig, dann wieder mild und lieblich, gehört zu den schönsten im Osten und ist mit seinen hübschen Städtchen, Weinbauern, Museen und Galerien ein lohnendes Ziel.

SEHENSWERTES

LOWER HUDSON VALLEY/ ROCKEFELLER ESTATE KYKUIT

Der erste Höhepunkt nach New York City ist die *Rockefeller Estate Kykuit (Do–So | nur geführte Touren | Tour 25 $ | Philippsburg Manor | Rte. 9)*. Die schlossähnliche Residenz mit schönen Gärten, bis 1913 für John D. Rockefeller Jr. erbaut, beherbergt u. a. exquisite Kunstsammlungen.

MID HUDSON VALLEY

Ein Mekka für Liebhaber moderner Kunst ist das *Dia:Beacon (Do–Mo 11–16 bzw. 18, Jan.–März Fr–Mo 11–16 Uhr | Eintritt 12 $ | 3 Beekman St. | www.diacenter.org/sites/main/beacon)* in *Beacon* mit Werken von Warhol, Beuys & Co. In *Hyde Park* hinterließ Eisenbahnmagnat Frederick Vanderbilt die herrschaftliche *Vanderbilt Mansion (Mai–Okt., tgl. 9–16 Uhr | geführte Touren zur vollen Stunde; sonst tgl. nur jede 2. Stunde | Tour 10 $ | 4097 Albany Post Rd. | www.nps.gov/vama/index.htm)* mit 54 Zimmern. Ebenfalls vor Ort: der Familiensitz der Roosevelts, deren prominentesten Mitglieds das *Franklin D. Roosevelt Library and Museum (April–Okt. tgl. 9–18, sonst bis 17 Uhr | Eintritt 18 $ | 4079 Albany Post Rd.)* gedenkt.

MARCO POLO HIGHLIGHTS

★ **New York City**
Die „City that never sleeps", die lebendige Metropole, ist eine Welt für sich → S. 50

★ **Independence National Historic Park**
Die denkmalgeschützte Altstadt Philadelphias → S. 53

★ **Pennsylvania Dutch Country**
Die friedvolle Heimat der Amischen → S. 55

★ **National Mall**
Washingtons Champs-Élysées ist Amerikas Fenster zur Welt → S. 58

49

NEW YORK CITY

In und um das Städtchen *Rhinebeck* (2600 Ew.) warten zahlreiche alte Herrenhäuser, u. a. die 1805 für die Witwe General Montgomerys gebaute Villa *Montgomery Place (Mai–Okt, Do–So 11–16 Uhr | geführte Touren 10 $ | Annanadale Rd.)*.

UPPER HUDSON VALLEY

Als *Clermont State Historic Site* geschützt, entführt die 1730 in *Germantown* gebaute *Residenz Clermont (Mi–So 11–17 Uhr | geführte Touren 5 $ | 1 Clermont Ave.)* in den Alltag der prominenten New Yorker Familie Livingston. Etwas südlich von *Albany* wartet auf Freunde der Hudson River School ein Leckerbissen: Die orientalisch inspirierte *Villa Olana (tgl. | geführte Touren 12 $ | 5720 Rte. 9G)* zeigt zahlreiche Gemälde der bis heute populären Gruppe amerikanischer Landschaftsmaler.

NEW YORK CITY

KARTE IM HINTEREN UMSCHLAG
(142 C6) *(M M–N5)* **Ein Leben würde nicht ausreichen, alle Winkel dieser** ⭐ **8,4-Mio.-Metropole mit ihrer beispiellosen Konzentration von Kreativität, Ehrgeiz und Optimismus zu erkunden.**

Die Stadt am Hudson River begann 1624 als holländische Siedlung Neu-Amsterdam auf Land, das den Manhattan-Indianern für nur 24 $ abgekauft wurde. Seither wuchs New York ununterbrochen. Ab 1664 britisch und schon 1820 mit 150 000 Einwohnern die größte Stadt der USA, wurde sie im 19. und 20. Jh. von europäischen Immigranten überschwemmt. 1913 überschritt man die 5-Mio.-Grenze, wenig später begann die Wolkenkratzerära. Vieles hat New York seitdem überstanden: Depression, Börsencrashs, Stromausfälle, Bankrotterklärungen, Rassenkrawalle.

WOHIN ZUERST?

Beginnen Sie den Tag mit einem Spaziergang im **Central Park**. Nahebei liegen das Guggenheim Museum und das Metropolitan Museum of Art an der Fifth Aveenue sowie weiter südlich das Museum of Modern Art. Und keine 2 km sind es von dort, um am späten Nachmittag vom Empire State Building aus den Blick über Manhattan zu genießen. Fortbewegung per Subway.

Der auf den 11. September 2001 folgenden Tourismuskrise begegnete man mit Dutzenden neuer Hotels für Besucher, die nun *Manhattan*, jene zungenförmige Halbinsel mit New Yorks meisten Sehenswürdigkeiten, neu entdecken.

SEHENSWERTES

CENTRAL PARK

Manhattans 1870 eröffneter, 3,4 km² großer Stadtpark ist noch immer der größte der Welt und New Yorks Naherholungsgebiet. *Zwischen 59th St., 110th St. und Fifth Ave.*

CHINATOWN

Das zwischen Houston, Canal und Lafayette Street liegende Chinesenviertel ist mit chinesischen Werbetafeln, Marktständen und Restaurants nur so gespickt. Hier haben die rund 1 500 000 Nachfahren der in Kalifornien beim Bau der Eisenbahn eingesetzten Kulis die größte chinesische Ansiedlung der USA geschaffen – ein quirliges Fragment des Fernen Ostens. *www.chinatown-online.com*

FIFTH AVENUE

Die längs durch Midtown verlaufende Verkehrsader ist bekannt für ihre Juwe-

MITTLERE ATLANTIKSTAATEN

liere und Wolkenkratzer. Berühmtester *skyscraper* ist das 1931 vollendete *Empire State Building (tgl. 8–2 Uhr | Eintritt ab 32 $ | 350 Fifth Ave. | www.esbnyc.com)* mit einem unvergesslichen Rundumblick von der ✹ Aussichtsterrasse im 86. Stock.

GREENWICH VILLAGE

„The Village" westlich vom Broadway, erst eigenständige Gemeinde, dann Künstlerviertel, ist dank seiner Kleinstadtatmosphäre einer der heißesten Immobilienmärkte der Stadt und pflegt mit zahllosen Bars, Bistros und Straßenkünstlern fleißig sein Image als Intellektuellenbohème.

zum hundertjährigen Bestehen der USA. Nach umfangreichen Renovierungen ist der Kopf von Lady Liberty nun wieder zugänglich. Vom ✹ *Observatory* zu Füßen der Statue bieten sich ebenso wunderbare Aussichten.

Ellis Island war 1892–1954 Amerikas Nadelöhr für rund 12 Mio. Einwanderer. Gut dokumentiert wird dies im restaurierten Gebäudekomplex mit dem *Ellis Island Immigration Museum. Fähren vom Battery Park am Südzipfel Manhattans tgl. 9–18 Uhr | Ticket (inkl. Museum) 15 $ | www.statuecruises.com*

Auf diese Stadt blickt die Welt: New York City, Metropole der Superlative

LIBERTY ISLAND/ELLIS ISLAND

Auf *Liberty Island* empfängt seit 1886 die *Statue of Liberty* alle per Schiff anreisenden Besucher: 225 t schwer und 93 m hoch, war sie ein Geschenk Frankreichs

METROPOLITAN MUSEUM OF ART

Das größte Kunstmuseum der Welt mit über 3 Mio. Exponaten – von den Kulturen der Antike bis zu den Postimpressionisten. *Fr/Sa 9.30–21, Di–Do, So 9.30–17.30 Uhr | Eintritt 25 $ | 1000 Fifth Ave./82nd St. Uptown | www.metmuseum.org*

NEW YORK CITY

MUSEUM OF MODERN ART
Hier nur *MoMA* genannt und eines der besten Museen moderner Kunst überhaupt. Nach einer spektakulären Erweiterung präsentiert sich das MoMA seit 2004 mit einer doppelt so großen Ausstellungsfläche. *Tgl. 10.30–17.30 Uhr | Eintritt 25 $ | 11 W 53rd St. | www.moma.org*

SOLOMON R. GUGGENHEIM MUSEUM
Ebenso sehenswert wie die aus 6000 Werken der klassischen Moderne bestehende Kunstsammlung ist die von Stararchitekt Frank Lloyd Wright geschaffene Architektur des Museums mit ihrer weltberühmten spiralenförmigen Rampe. So–Mi, Fr 10–17.45, Sa 10–19.45 Uhr | Eintritt 25 $ | 1071 Fifth Ave. | Uptown | www.guggenheim.org

ESSEN & TRINKEN

HATSUHANA
Wunderbares japanisches Restaurant. Die Köche machen die Sushibar zur Kleinkunstbühne. *17 E 48th St. | Midtown | Tel. 212 3 55 33 45 | €€*

KATZ'S DELICATESSEN
Seit 1888 die Institution für Rauchfleisch, Kulisse für den Kinohit „Harry und Sally", Treffpunkt der alten New Yorker. *205 E Houston St. | Lower East Side | Tel. 212 2 54 22 46 | €€*

AM ABEND

Das Künstlerviertel *Greenwich Village* lockt mit zahllosen Cafés und Galerien. Das lebhaftere *Soho* besitzt urige Bars und Restaurants.

Katz's ist Kult – unbedingt das gigantische Pastrami-Sandwich probieren!

ÜBERNACHTEN

Bei der Suche nach der passenden Unterkunft hilft *New York Habitat (Tel. 212 2 55 80 18 | www.nyhabitat.com/de).*

AMERICANA INN
Viel Zimmer für wenig Geld, sauber und nahe Times Square. *50 Zi. | 69 W*

MITTLERE ATLANTIKSTAATEN

38th St. | Midtown | Tel. 212 8 40 67 00 | www.newyorkhotel.com | €–€€

WASHINGTON SQUARE HOTEL

Schönes, altes Stadthotel mitten in Greenwich Village. *170 Zi. | 103 Waverly Place | Greenwich Village | Tel. 212 7 77 95 15 | www. washingtonsquarehotel.com | €€–€€€*

AUSKUNFT

NEW YORK CONVENTION & VISITORS BUREAU

810 Seventh Ave. | Downtown | Tel. 212 4 84 12 00 | www.nycgo.com

PHILADELPHIA

(147 F1) *(𝑚 M6)* **Für die Amerikaner ist „Philly" (1,6 Mio. Ew.) der Heilige Gral ihrer Demokratie: Hier erklärten sie ihre Unabhängigkeit, hier saß vorübergehend die Bundesregierung.**

Als tolerante „City of Brotherly Love" 1682 von Quäkerführer William Penn gegründet, steht sie für die amerikanischen Ideale von Freiheit und Gleichheit wie keine andere. Dank erfolgreicher Sanierungsprogramme ist die Hafen- und Industriestadt attraktiv geblieben.

SEHENSWERTES

INDEPENDENCE NATIONAL HISTORIC PARK ★ ●

Die rund 20 denkmalgeschützten Gebäude waren alle für die Geschichte der USA bedeutsam: In der *Independence Hall (tgl. 9–19 Uhr | Eintritt frei | Chestnut St. | www.nps.gov/inde)* beriet der Zweite Kontinentalkongress 1775 Maßnahmen gegen die britischen Steuern und verkündete Thomas Jefferson am 4. Juli 1776 die Unabhängigkeit. Das gläserne *Liberty Bell Center (23. Mai–7. Sept. tgl. 9–19, sonst tgl. 9–17 Uhr | Eintritt frei | Chestnut St.)* beherbergt die einst in der Independence Hall hängende Freiheitsglocke. Zum *Franklin Court Complex* gehören u. a. das dem genialen Verfassungsvater Benjamin Franklin geweihte *Museum (Ende Mai–Anfang Sept., tgl. 9–19, sonst 9–17 Uhr | Eintritt 5 $)*. Zwischen 2nd und Front St. liegt Amerikas älteste Wohnstraße, die vor 1700 angelegte INSIDER TIPP ▸ *Elfreth's Alley*.

PHILADELPHIA MUSEUM OF ART

Amerikas drittgrößtes Kunstmuseum enthält 400 000 Werke aus aller Welt, darunter beeindruckende Amischen- und Shakersammlungen. *Di–So 10–17*

ONE WORLD TRADE CENTER

Fast 14 Jahre nach den Anschlägen vom 11. September 2001 erhielten die New Yorker ihren Ausblick auf die „City that never sleeps" zurück. Das *One World Observatory* im 102. Stock des neuen World Trade Center eröffnet einen einzigartigen Rundumblick. 400 Jahre virtuelle Stadtgeschichte in 47 Sekunden bieten die Aufzüge, im 101.

Stockwerk wartet das Restaurant *ONE* mit Gaumenfreuden. Ebenfalls auf dem Gelände: das *9/11 Memorial Museum. One World Trade Center/Observatory: Ende Mai–Anfang Sept. tgl. 9–24, sonst tgl. 9–20 Uhr | Eintritt ab 32 $ | 285 Fulton St. | Tel. 844 6 96 17 76; Museum: So–Do 9–20, Fr–Sa 9–21 Uhr | Eintritt frei | 200 Liberty St.*

53

PHILADELPHIA

Maisernte mit 5 PS: Farmer im Pennsylvania Dutch Country

Uhr | Eintritt 20 $ | 2600 Ben Franklin Parkway | www.philamuseum.org

ESSEN & TRINKEN

CITY TAVERN
Amerikanische Gerichte des 18. Jhs. raffiniert verfeinert. *138 S 2nd St. | Tel. 215 4131443 | €€–€€€*

READING TERMINAL MARKET
Amerikas größter Markt hat sogar einen Biergarten. *12th St. und Arch St. | €*

EINKAUFEN

Stilvoll shoppen und genießen können Sie in den viktorianischen Hallen des *Bourse Food Court and Specialty Shops (111 S Independence Mall)*. Fashionables erhalten Sie in 60 Spezialgeschäften von *The Shops at Liberty Place (16th und Chestnut St.)*.

AM ABEND

Weltberühmt: das *Philadelphia Orchestra (Kimmel Center | 1 S Broad St. | Tel. 215 8931999)*. Eine beliebte Kneipe mit Lokalkolorit ist das INSIDER TIPP *Standard Tap (901 N 2nd St.)* und einer der besten Jazzschuppen das *Chris' Jazz Café (1421 Sansom St.)*.

ÜBERNACHTEN

INSIDER TIPP ALEXANDER INN
Peppiges (Boutique-)Hotel für wenig Geld im Zentrum. *48 Zi. | 12th und Spruce St. | Tel. 215 9233535 | www.alexanderinn.com | €–€€*

PENN'S VIEW HOTEL
Intimes Stadthotel in der Altstadt, 12 Zimmer mit Whirlpool. *52 Zi. | Front und Market St. | Tel. 215 9227600 | www.pennsviewhotel.com | €€*

MITTLERE ATLANTIKSTAATEN

AUSKUNFT

PHILADELPHIA VISITORS BUREAU
1700 Market St. | Suite 3000 | Tel. 800 5 37 76 76 | www.visitphilly.com

ZIELE IN DER UMGEBUNG

GETTYSBURG (147 D–E1) *(Ⓜ L6)*
1863 leitete die Schlacht von Gettysburg im Bürgerkrieg die Wende zugunsten des Nordens ein. Heute ist die Gegend rund um das Collegestädtchen (7600 Ew.) 200 km westlich von Philadelphia zum *Gettysburg National Military Park (Touren tgl. 6–22 Uhr | Museum 12 $ | 97 Taneytown Rd. | www.nps.gov/gett)* zusammengefasst.

PENNSYLVANIA DUTCH COUNTRY ★ / LANCASTER (147 E1) *(Ⓜ L6)*
120 km westlich von Philadelphia fahren Pferdewagen statt Autos: willkommen bei den Altmennoniten und Amischen! Die aus Deutschland und der Schweiz stammenden Glaubensgemeinschaften ließen sich im 18. Jh. hier nieder. Sie nutzen keine moderne Technik und parlieren in einem Mix aus alten deutschen Dialekten und Englisch, das auf dem Central Market im Hauptort *Lancaster* (60 000 Ew.) zu hören ist. Ihre Farmen liegen in friedvoller Landschaft, ein besonders schöner Ort ist *Bird-in-Hand* (300 Ew.) mit seinem ⊕ `INSIDER TIPP` *farmer's market (2710 Old Philadelphia Pike | Tel. 717 3 93 96 74 | bird inhandfarmersmarket.com)*

PITTSBURGH

(141 E6) *(Ⓜ K6)* **Früher Amerikas Kohlepott und ein trauriges Symbol für den Niedergang der amerikanischen Stahlindustrie, heute das Vorzeigebeispiel für ein gelungenes Makeover zur blitzblanken Kulturmetropole mit Hipfaktor.**

In den letzten Jahren hat Pittsburgh (305 000 Ew.) einen außerordentlichen Wandel geschafft. Die moderne Downtown mit ihren Bürotürmen liegt im *golden triangle,* einem von Allegheny, Monoganhela und Ohio River umflossenen Gebiet. Die Hauptgründe für einen Besuch liegen jedoch auf der North Side und in Oakland im Osten der Stadt. Aber auch Shopping im kompakten Zentrum ist ein Vergnügen, und am Ende des Tages warten Cafés, Restaurants und Musikkneipen.

SEHENSWERTES

ANDY WARHOL MUSEUM
Das dem König der Pop-Art gewidmete Museum am Nordufer des Allegheny

LOW BUDGET

Ortskundige New Yorker als Stadtführer zum Nulltarif vermittelt *Big Apple Greeter (www.bigapplegreeter.org).* Lange im Voraus buchen!

Der in New York nahe am Times Square liegende *Bryant Park (www.bryantpark.org)* ist eine erholsame Oase, bietet aber auch von Gratiskonzerten der New Yorker Philharmoniker über Pétanque-Kurse (eine Boule-Sportart) bis zum Kinofestival im Sommer viel Entertainment. Zudem ist der gesamte Park *wireless*.

Die Hotelpreise in Washington D. C. werden vor allem von Geschäftsleuten bestimmt – selbst am Wochenende finden hier Kongresse statt. Sonntagabends aber sind viele Zimmer leer und damit günstiger!

55

WASHINGTON D. C.

River beherbergt mehrere hundert Werke des berühmtesten Sohns der Stadt. *Di–So 10–17, Fr bis 22 Uhr | Eintritt 20 $ | 117 Sandusky St. | warhol.org*

CARNEGIE MUSEUMS

Die vom Großindustriellen Andrew Carnegie gestifteten und im Stadtteil Oakland beheimateten Museen umfassen u. a. das *Museum of Natural History* mit seiner berühmten Dinosauriersammlung und das wunderbare, große Namen aus Europa und den USA präsentierende *Museum of Art (Di–Sa 10–17, Do bis 20, So 12–17 Uhr | Eintritt 19,95 $ | 4400 Forbes Ave. | www.carnegiemuseums.org).*

ESSEN & TRINKEN

NINE ON NINE 🌿

Regionale Küche mit der Betonung auf marktfrischen Produkten und südeuropäischen Rezepten. *900 Penn Ave. | Downtown | Tel. 412 3 38 64 63 | €€€*

THE SONOMA GRILLE

Bistro mit leichter kalifornischer Küche und großer Weinkarte. *947 Penn Ave. | Downtown | Tel. 412 6 97 13 36 | €–€€*

AM ABEND

Das beste Pflaster zum Essengehen mit anschließendem Barhopping ist der *Strip District (www.neighborsinthestrip.com)*, früher Pittsburghs Lagerhausviertel, beiderseits der Penn Street.

ÜBERNACHTEN

INSIDER TIPP ▶ THE PRIORY

Gemütliches Boutiquehotel in einem ehemaligen Benediktinerkloster. Zenartige Ruhe im Innenhof, nette *Monk Bar. 42 Zi. | 614 Pressley St. | North Side | Tel. 412 2 31 33 38 | www.thepriory.com | €–€€*

AUSKUNFT

VISIT PITTSBURGH

120 Fifth Ave. | Tel. 412 2 81 77 11 | www.visitpittsburgh.com

ZIELE IN DER UMGEBUNG

LAUREL HIGHLANDS/ FALLINGWATER (141 E6) (*∅ K6*)

Eine Autostunde südöstlich von Pittsburgh liegen die dicht bewaldeten Laurel Highlands mit historischen Städtchen und State Parks. Im fotogenen *Ligonier* erinnert das rekonstruierte *Fort Ligonier (Mo–Sa 10–16.30, So 12–16.30 Uhr | Eintritt 10 $)* an die raue Zeit des French and Indian War. Weiter südlich erinnert das *Fort Necessity Nat. Battlefield (tgl. 9–17 Uhr | Eintritt 5 $)* an eine verlorene Schlacht gegen die Franzosen, und einen Katzensprung weiter östlich empfängt der durch den *Ohiopyle State Park* fließende Youghiogheny River Rafting- und Kajakfans. Am Nordrand des Parks überrascht ein Besuchermagnet: Beim Nest *Mill Run* baute 1937 der berühmte Architekt Frank Lloyd Wright *Fallingwater (März tgl. 13–16, April–Nov. tgl. 10–16 Uhr | nur geführte Touren | Tour ab 24 $ | www.fallingwater.org)*, ein Wohnhaus, das sich der Berg-, Fluss- und Waldlandschaft auf einzigartige Weise anpasst.

WASHINGTON D. C.

🗺 **KARTE IM HINTEREN UMSCHLAG**
(147 E1) (*∅ L7*) **Die beispiellose Machtanhäufung in der Bundeshauptstadt (660 000 Ew.) ist nicht sofort zu erkennen. Kaum ein Gebäude ragt über die Baumgrenze, Parks und marmorner Neoklassizismus prägen das Bild.**

MITTLERE ATLANTIKSTAATEN

Wo Macht und großartige klassizistische Architektur zusammentreffen: Capitol Hill

Gegründet wurde Washington 1790. Die Stelle an der Biegung des Potomac war ein Kompromiss zur Beruhigung der sich damals schon argwöhnisch belauernden Nord- und Südstaaten, die sie als *District of Columbia (D. C.)* für neutral erklärten. Seitdem ist Washington das Nervenzentrum des Lands.

SEHENSWERTES

CAPITOL HILL

Das US-Kapitol – seit der Grundsteinlegung durch George Washington 1793 mehrfach erweitert – beherbergt Senat und Repräsentantenhaus. Mit seiner 60 m hohen Kuppel am Ostende der *National Mall* gilt es als Symbol der amerikanischen Demokratie. *Nur geführte Gratistouren ab Capitol Visitor Center (Mo–Sa 8.30–16.30 Uhr | 1st St. und E Capitol St. | Tel. 202 2 26 80 00 | im Voraus online buchen: www.visitthecapitol.gov)*

DOWNTOWN

Zwischen *White House* und *Dupont Circle* liegen interessante Gebäude und Museen wie das im Juli 2006 nach umfangreicher Renovierung wiedereröffnete *Smithsonian American Art Museum (tgl.*

> **WOHIN ZUERST?**
> Beginnen Sie den Besuch der US-Hauptstadt am besten mit dem sichtbarsten Symbol der Supermacht, dem **US-Kapitol** (Metro: Capitol South). Die National Mall, ein feines Spaziergängerrevier mit tollen Nationalmuseen, schließt gleich westlich an. Georgetown mit seinen Restaurants und Boutiquen erreichen Sie mit Bussen der Linien 38B, 32, 36 und 31, die Metro bringt Sie ins Künstlerviertel Dupont Circle (Metro: Dupont Circle).

57

WASHINGTON D.C.

11.30–19 Uhr | Eintritt frei | 8th und F Sts.). Vom 90 m hohen Glockenturm des neoromanischen ✹ *Old Post Office (tgl. 9–19.45 Uhr | 1100 Pennsylvania Ave.)* – heute eine nette Mall – haben Sie einen guten Rundumblick. In *Ford's Theatre (tgl. 9–17 Uhr | Eintritt 2,50 $ | 511 10th St. NW | www.fordstheatre.org)* erinnert ein kleines Museum an das Attentat auf Abraham Lincoln 1865.

NATIONAL AIR AND SPACE MUSEUM
Ob Lindberghs Ryan-Maschine oder die Apollo-11-Kommandokapsel, das riesige Museum feiert die amerikanische Luft- und Raumfahrt. *Tgl. 10–17.30 Uhr | Eintritt frei | Independence Ave. und 6th St. | airandspace.si.edu*

NATIONAL GALLERY OF ART ●
Eine hervorragende Galerie mit großen Werken von Leonardo bis Picasso und zeitgenössischen Amerikanern. Schön ist auch der weitläufige *Sculpture Garden. Mo–Sa 10–17, So 11–18 Uhr | Eintritt frei | Constitution Ave. und 4th St. NW | www.nga.gov*

NATIONAL MALL ★
Die zwischen *Capitol Hill* und *Potomac River* gelegene Grünanlage wird gesäumt von Museen der renommierten *Smithsonian Institution,* etlichen Denkmälern und Eisverkäufern. Hier fanden die Anti-Vietnam-Demos statt und hier hielt Martin Luther King seine „I have a dream"-Rede. Das 183 m hohe ✹ *Washington Monument (tgl. 9–17 Uhr | Eintritt frei)* lohnt wegen seiner beliebten Aussichtsplattform (oft längere Wartezeiten). Das *Vietnam Veterans Memorial* gedenkt auf schwarzen Wänden der 58 000 in Vietnam gefallenen GIs. Vor dem *Lincoln Memorial* mit der 6 m hohen Statue Abraham Lincolns hielt die Bürgerrechtsbewegung ihre Kundgebungen ab.

NATIONAL MUSEUM OF THE AMERICAN INDIAN ●
Das rote Sandsteingebäude, 2004 eröffnet, beherbergt eines der besten Museen

Das Air and Space Museum beherbergt Amerikas größte Sammlung historischer Flugzeuge

MITTLERE ATLANTIKSTAATEN

zur Geschichte und Kultur der amerikanischen Ureinwohner. *Tgl. 10–17.30 Uhr | Eintritt frei | 4th und Independence Ave. SW | www.nmai.si.edu/visit/washington*

WHITE HOUSE

Die Residenz des US-Präsidenten, 1800 bezogen, erhielt ihren Namen nach dem Krieg von 1812, als die Brandschäden mit weißer Farbe übermalt wurden. Vor 2001 war die Besichtigung von acht der 132 Zimmer möglich. Derzeit dürfen ausländische Besucher nur unter Vorlage ihres Reisepasses und eines von ihrer Botschaft genehmigten Antrags das Weiße Haus besichtigen. *White House Visitor Center | tgl. 7.30–16 Uhr | 1450 Pennsylvania Ave. NW und 15th St. | www.nps.gov/whho/planyourvisit/white-house-tours.htm*

ESSEN & TRINKEN

BISTRO CACAO

Französisch inspirierte Bistroküche zwei Blocks nordöstlich vom Kapitol. Probieren Sie die Fasanen-pâté. *320 Massachusetts Ave. NE | Tel. 202 546 47 37 | €€–€€€*

FIOLA

„In"-Italiener mit Wow-Faktor im Penn Quarter mit einer besonderen Vorliebe für farbenfrohe Details bei der Präsentation. *601 Pennsylvania Ave. | Tel. 202 6 28 28 28 | €€€*

OLD GLORY BARBECUE

Zünftiger Grill im schicken Georgetown, abends immer voll. *3139 M St. NW | Tel. 202 3 37 34 06 | €€*

EINKAUFEN

Im multikulturellen *Adams-Morgan* warten schrille Boutiquen und Tätowierläden auf Sie. Die besten Malls und Antiquitätenläden finden Sie in *Georgetown*.

AM ABEND

Das Künstlerviertel *Dupont Circle* bietet Designerbars und Schwulenpinten, in *Adams-Morgan* herrscht Multikulti, und im edlen *Georgetown* konzentrieren sich die Bars im Kreuzungsbereich *M St./Wisconsin Ave.*

ÜBERNACHTEN

Washington DC Hotels bucht Zimmer in 70 Hotels mit Online-Rabatt. *Tel. 202 4 52 12 70 | www.washingtondchotels.com*

THE HAY-ADAMS

Traditionsreiches Nobelhotel, in Lobby und Bar begegnet man Künstlern und Politikern. *145 Zi. | 16th und H Sts. NW | Downtown | Tel. 202 6 38 66 00 | www.hayadams.com | €€€*

HOTEL LOMBARDY

Altmodisch und mit viel Charakter. *130 Zi. | 2019 Pennsylvania Ave. NW | Georgetown | Tel. 202 8 28 26 00 | www.hotellombardy.com | €€€–€€€*

AUSKUNFT

DESTINATION DC

901 7th St. NW, 4th floor | Washington | Tel. 202 7 89 70 00 | www.washington.org

ZIEL IN DER UMGEBUNG

SHENANDOAH NATIONAL PARK
(147 D2) (*ঞ K–L7*)

Rund 120 km südwestlich von Washington liegen die *Blue Ridge Mountains* mit dichten Wäldern, vielen Flüssen und Wasserfällen – Lebensraum von Bibern, Bären und Greifvögeln. Zu erkunden per Auto auf dem *Skyline Drive* oder zu Fuß auf vielen Trails. *20 $ pro Auto | 3655 US Hwy. 211 E | Luray | www.nps.gov/shen*

59

DER SÜDEN

Der schwere Duft der Magnolien reizt die Sinne. Die Sprache klingt anders, das Tempo ist langsamer. *Southern Cuisine* **und** *southern hospitality* **– immer wieder zu hörende Formeln für eine exzellente Küche und außergewöhnliche Gastfreundschaft – sind hier keine Floskeln.**

Vieles aus Margaret Mitchells Klassiker „Vom Winde verweht" blieb erhalten. Doch die Bürgerrechtsbewegung hat die Gleichberechtigung der Schwarzen durchgekämpft, der lange proklamierte *New South* scheint Realität zu werden. Das hügelige Virginia (VA) bietet Historie wie kaum ein anderer Bundesstaat, aber deren alte Konföderiertenkapitale Richmond gibt sich zeitgemäß. Und während Charleston (SC) und Savannah (GA) zwei Südstaatensymbole mit *Antebellum*-Flair schlechthin sind, betonierte Atlanta (GA) – Sitz von CNN und Coca-Cola – jede Erinnerung an die Zeit vor dem amerikanischen Bürgerkrieg zu. Und Mutter Natur? Mit den wildromantischen Great Smoky Mountains und der herb-schönen Inselwelt der Outer Banks bietet sie gleich zwei herausragende Ziele für Outdoorfans. Weitere Infos finden Sie auch im MARCO POLO „USA Südstaaten".

ATLANTA

(149 F3) *(G–H10)* **Margaret Mitchell setzte der Stadt (455 000 Ew.) ein literarisches, der Medienzar Ted Turner mit CNN ein multimediales Denkmal.**

60　Bild: Mit dem Oldtimer durch Mount Pleasant

Die Veranda der Nation: Der Alte Süden ist zwar vom Winde verweht, doch das gute Leben ist hier noch immer wichtig

CITY WOHIN ZUERST?

Beginnen Sie den Besuch mit einer **CNN-Studio-Tour** (MARTA: CNN Center). Von hier aus ist das Georgia Aquarium gut zu Fuß erreichbar. Von der gleichen Haltestelle erreichen Sie auch bequem Ebenezer Baptist Church und Martin Luther King Jr. National Historic Site in Sweet Auburn, dem alten Schwarzenviertel der Stadt (MARTA: King Memorial).

Atlanta, 1837 gegründet und zweimal fast völlig abgebrannt, ist die Hauptstadt Georgias und als Konzerncity – mehr als 20 Weltunternehmen haben hier ihren Sitz – die Boomtown des „Neuen Südens". Ihr Herz besteht aus Büro- und Hoteltürmen, ihre Adern sind chaotische High- und Freeways. Fast alle Sehenswürdigkeiten sind jüngeren Datums. Doch Vorsicht: Ohne Mietwagen bzw. Taxi geht in Atlanta gar nichts. Die Busse und *subways* des Nahverkehrssystems MARTA fahren bei Weitem nicht überall hin.

ATLANTA

Coca-Cola feiert sich selbst: Die 1892 in Atlanta gegründete Marke lockt mit eigener Erlebniswelt

SEHENSWERTES

ATLANTA HISTORY CENTER
Indianer, Bürgerkrieg, Neuer Süden: Hier wird die dramatische Stadtgeschichte präsentiert. *Mo–Sa 10–17.30, So 12–17.30 Uhr | Eintritt 16,50 $ | 130 W Paces Ferry Rd. | www.atlantahistorycenter.com*

CNN CENTER ●
Die weltweite Kabelgesellschaft CNN können Sie auf einer interessanten, 50-minütigen Studiotour besichtigen. *Tgl. 9–17 Uhr | Eintritt 16 $ | Marietta St./Techwood Dr. | www.cnn.com/tour*

INSIDER TIPP ▶ EBENEZER BAPTIST CHURCH
Seit der Bürgerrechtsbewegung spirituelles Zentrum und Szenetreff des schwarzen Atlanta. Gospelmessen *(So 8, 11 und 19 Uhr). 407 Auburn Ave.*

GEORGIA AQUARIUM ★
Das größte Aquarium der Welt, 2005 eröffnet, mit insgesamt 30 Mio. l Süß- und Salzwasser fassenden Tanks, in denen sich rund 500 Arten – darunter auch Mantarochen, Walhaie, Kraken und Ottern – tummeln. *So–Fr 10–17, Sa 9–18 Uhr | Eintritt ab 25 $ | 225 Baker St. | www.georgiaaquarium.org*

HIGH MUSEUM OF ART
Menschliches Kunstschaffen auf höchstem Niveau – von afrikanischer bis zeitgenössischer amerikanischer Kunst. *Di–Do, Sa 10–17, Fr 10–21, So 12–17 Uhr | Eintritt 19,50 $ | 1280 Peachtree St. NE*

JIMMY CARTER LIBRARY & MUSEUM
Ein dem aus Georgia stammenden Expräsidenten und Nobelpreisträger gewidmetes Museum. *Mo–Sa 9–16.45, So 12–16.45 Uhr | Eintritt 8 $ | 441 Freedom Parkway | www.jimmycarterlibrary.gov*

MARGARET MITCHELL HOUSE
Ein bescheidenes Museum für eine große Autorin. *Mo–Sa 10–17.30, So 12–30 Uhr | nur geführte Touren | Eintritt 15 $ | 990 Peachtree St. | www.atlantahistorycenter.com*

DER SÜDEN

MARTIN LUTHER KING JR. NATIONAL HISTORIC SITE

Alles über die Bürgerrechtsbewegung und ihren spirituellen Kopf. *Tgl. 9–17 Uhr | Eintritt frei | 450 Auburn Ave. | www.nps.gov/malu*

WORLD OF COCA-COLA

Interessantes und Triviales über die berühmteste Limo der Welt im 2007 eröffneten Mega-Pavillon gleich neben dem Georgia Aquarium. *Di, Do, So 10–17, Mi 10–16, 9–17, Sa 9–18 Uhr | Eintritt 16 $ | 121 Baker St. NW | www.worldofcoca-cola.com*

ESSEN & TRINKEN

INSIDER TIPP **BEAUTIFUL RESTAURANT**

Der Name bezieht sich auf die Karte: Hier gibt's gediegenes Soulfood. *2260 Cascade Rd. SW | Tel. 404 7 52 59 31 | €*

BUCKHEAD DINER

Hier genießt Atlantas Hautevolee kreative Cuisine in elegantem Ambiente. *3073 Piedmont Rd. | Tel. 404 2 62 33 36 | €€*

LA GROTTA

Nobel in Buckhead: Gilt seit vielen Jahren als bester Italiener der Stadt. Toskanische Küche. *2637 Peachtree Rd. NE | Tel. 404 2 31 13 68 | €€–€€€*

EINKAUFEN

Lenox Square (3393 Peachtree Rd.) zählt mit über 300 Geschäften zu den größten Malls des Lands. In dem eleganten *Phipps Plaza (3500 Peachtree Rd.)* gleich daneben shoppt die Upperclass Atlantas.

AM ABEND

In den Stadtvierteln *Little Five Points*, *Buckhead* und *Virginia Highlands*

brummt das Nachtleben. Paartanz zu Bigbandrhythmen, oft auch Livemusik gibt es im *Johnny's Hideaway (3771 Rosewell Rd., Buckhead)*. Treff der Jungen und Schönen aller Hautfarben ist das trendige, für coole Livemusik und Hiphop bekannte *MJQ Concourse (736 Ponce de Leon Ave. NE)*. Was wann und wo läuft, steht in der Stadtzeitung „Creative Loafing" *(www.clatl.com)*.

ÜBERNACHTEN

INSIDER TIPP **GLENN HOTEL**

Edles Boutiquehotel mit Restaurant und Rooftop-Bar. In Fußnähe zu CNN, Aquarium und Coca-Cola. *93 Zi., 16 Suiten | 110 Marietta St. NW | Tel. 404 5 21 22 50 | www.glennhotel.com | €€€*

MARRIOTT MARQUIS ✼

Außergewöhnliches Nobelhotel mit futuristischem Atrium und raketenähnlichen Aufzügen. *1675 Zi. | 265 Peachtree*

MARCO POLO HIGHLIGHTS

⭐ **Georgia Aquarium**
Grandiose Unterwasserwelt in 30 Mio. l Wasser → S. 62

⭐ **Charleston**
Südstaatencharme in gut erhaltener Altstadt → S. 64

⭐ **Great Smoky Mountains National Park**
Entlegene Täler, blauer Dunst und beste Aussichten → S. 66

⭐ **Outer Banks**
Strand ohne Ende → S. 68

⭐ **Savannah**
Southern belle: alte Eichen und idyllische Plätze → S. 71

CHARLESTON

Center Ave. | Tel. 404 5 21 00 00 | www.
marriott.com | €€–€€€

QUALITY INN STONE MOUNTAIN
Viel Unterkunft für wenig Geld, gute
Lage: Dieses funktionale Quality Inn
überzeugt mit großen, freundlichen Zimmern, Pool und inbegriffenem Frühstück.
60 Zi. | 1595 E Park Place Blvd. | Tel. 770
4 65 10 22 | www.choicehotels.com | €

AUSKUNFT

ATLANTA VISITORS BUREAU
233 Peachtree St. NE | Tel. 404 5 21 66 00 |
www.atlanta.net

ZIELE IN DER UMGEBUNG

ATHENS (146 A5) (*ω H10*)
Das Unistädtchen (120 000 Ew.) gut eine
Fahrstunde nordöstlich von Atlanta ist
landesweit für seine quirlige Musikszene
bekannt: Zahlreiche erfolgreiche Bands
begannen hier, darunter R.E.M. und The
B-52s. Der ideale Tag in Athens beginnt
mit einer Besichtigung der wunderbaren
Antebellum-Häuser rund um die *University of Georgia* und klingt mit Livemusik
im 40 Jahre alten *40 Watts Club (285 W
Washington St. | www.40watts.com)* aus.
Info: *www.visitathensga.com*

STONE MOUNTAIN PARK
(146 A5) (*ω H10*)
25 km östlich von Atlanta erhebt sich der
Granitdom *Stone Mountain* aus der Ebene, ein bis zu 1 km breiter Felsenbuckel.
Hauptattraktion ist ein gigantisches, 1970
fertiggestelltes Relief mit den im Süden
noch immer verehrten Helden des Bürgerkriegs, Südstaatenpräsident Jefferson
Davis und den Generälen Robert E. Lee
und „Stonewall" Jackson. Die Seilbahn
Summit Skyride führt auf den Gipfel,
wo ein herrlicher Blick auf die Skyline Atlantas wartet. *Tgl. | Eintritt mit Adventure
Pass 29,95 $ | Hwy. 78 East, Exit 8*

CHARLESTON

(146 C6) (*ω K10*) **1670 gegründet und
um 1750 wichtigster Hafen südlich von
Philadelphia, versprüht ⭐ Charleston
(128 000 Ew.) noch immer puren Südstaatencharme.**

Ein florierender Sklavenmarkt und die
umliegenden Reis- und Baumwollplantagen schufen die Basis für eine Pflanzeraristokratie, die eine gut erhaltene Altstadt und eine an Bällen, Belagerungen
und Aufständen reiche Stadtgeschichte
hinterließ. Die Talfahrt nach dem Bürgerkrieg wurde erst vom Tourismus aufge-

AFRICAN CONNECTION

Im Lowcountry zwischen Charleston und
Savannah sind die *Gullah* anzutreffen,
deren ganz eigene Sprache auf dem
elisabethanischen Englisch basiert,
doch afrikanisch ausgesprochen wird.
Die Vorfahren der heute noch 9000
Gullah schufteten auf den Plantagen
der Beaufort vorgelagerten Inseln. Nach

dem Bürgerkrieg wurden sie sich selbst
überlassen und konnten so ihre Sprache
und Traditionen retten. Heute bedrohen
Tourismus und Medien ihre kulturelle
Sonderstellung. Infos im *Penn Center
(Mo–Sa 11–16 Uhr | Eintritt 5 $ | www.
penncenter.com)* auf St. Helena Island
vor Beaufort.

DER SÜDEN

Die vielen Häuser aus dem 19. Jh. tragen zum Charme von Charleston bei

halten. Guter Ausgangspunkt für Touren zu den Plantagen des Lowcountry.

SEHENSWERTES

CHARLESTON MUSEUM
Informatives zur Geschichte und zum Alltag im Lowcountry. *Mo–Sa 9–17, So 12–17 Uhr | Eintritt 12 $ | 360 Meeting St. | www.charlestonmuseum.org*

CHARLES TOWNE LANDING
Herrlicher Park an der Stelle der Siedlung *Charles Towne* mit alten Eichen, Repliken eines Kolonialdorfs und eines Schiffs aus dem 17. Jh. und wilden Tieren im *Animal Forest*. *Tgl. 9–17 Uhr | Eintritt 10 $ | 1500 Old Towne Rd. | www.friendsofcharlestownelanding.org*

INSIDER TIPP DENMARK VESEY HOUSE
Ein kleines Haus als Symbol für die dramatische Geschichte vieler Sklavenaufstände im Süden: Hier lebte Denmark Vesey, ein freigelassener Sklave und Kopf des Aufstands von 1822, der in letzter Minute aufflog. Mit 34 anderen Verschwörern wurde Vesey öffentlich gehenkt. *Keine Innenbesichtigung | 56 Bull St.*

EDMONSTON-ALSTON HOUSE
1825 von dem Kaufmann Charles Edmonston im griechischen Stil erbautes Stadthaus mit zeitgenössischen Möbeln und Bibliothek. *Di–Sa 10–16.30, So/Mo 13–16.30 Uhr | Eintritt 12 $ | 21 E Battery*

FORT SUMTER NATIONAL MONUMENT
Am 12. April 1861 fielen hier die ersten Schüsse des Bürgerkriegs – dokumentiert auf dieser 1829 begonnenen Festung auf der Insel *Charleston City Marina*. Führungen von Fort Sumter Tours tgl. *10–17.30 Uhr | Eintritt 19 $ | Ablegestelle Liberty Square | Tel. 843 7 22 26 28 | www.fortsumtertours.com*

ESSEN & TRINKEN

HANK'S SEAFOOD RESTAURANT
Gute, exotisch gewürzte Fischgerichte und klassische *Lowcountry Cuisine* im

65

GREAT SMOKY MOUNTAINS

Historic District. *10 Hayne St. | Tel. 843 7 23 34 74 | €€–€€€*

SLIGHTLY NORTH OF BROAD ⊗

Hier isst das gesundheitsbewusste Charleston. Kreatives mit Wild, Seafood und organischem Gemüse. *192 E Bay St. | Tel. 843 7 23 34 24 | €€–€€€*

AM ABEND

Bars und Musikkneipen finden Sie an der *Market* und *E Bay Street*. Seit Jahren eine Institution für rockige Livemusik ist die *Music Farm (32 Ann St.)*. Die schönsten Sonnenuntergänge der Stadt sind von der ☀ Dachbar im *The Library at Vendue Inn (23 Vendue Range)* aus zu erleben.

LOW BUDGET

Die günstigste und vielleicht freundlichste Bleibe in Charleston ist das *NotSo Hostel* mit sauberen Schlafsälen, Doppelzimmern (25–100 $) und Radverleih. *156 Spring St. | Charleston | Tel. 843 7 22 83 83*

Great Smoky Mountains Nat. Park: 24 km vom Oconaluftee Visitor Center entfernt liegen in Maggie Valley viele günstigere Motels, hübsche Inns und B & Bs wie das *Brookside Mountain Mist Inn B & B (142 Country Club Dr. | Tel. 828 4 52 68 80 | www.brookside mountainmistbb.com)* mit Zimmerpreisen zwischen 140 und 200 $.

Die astronomischen Übernachtungspreise in Atlanta werden mit Hotelcoupons etwas erträglicher – erhältlich in den *welcome centers* an Georgias Grenzen.

ÜBERNACHTEN

Charleston Reservations bucht Zimmer in B & Bs, Motels und Hotels. *c/o The Signature Group | Tel. 843 8 73 02 60 | www.charlestonreservations.com*

KINGS COURTYARD INN

Schöner schlafen in der Altstadt. *41 Zi. | 198 King St. | Tel. 843 7 23 70 00 | www.kingscourtyardinn.com/kings-index.asp | €€–€€€*

AUSKUNFT

CHARLESTON AREA VISITORS BUREAU

423 King St. | Tel. 843 8 53 80 00 | www.charlestoncvb.com

ZIEL IN DER UMGEBUNG

MYRTLE BEACH (147 D5) (*K10*)

100 km nordöstlich von Charleston haben Sandstrände, warme Wassertemperaturen und amerikanischer Geschäftssinn den beliebten Badeort (30 000 Ew.) hervorgebracht. Die parallel zum Strand gebauten Hotels und Themenparks ziehen vor allem Familien an. Info: *www.visitmyrtlebeach.com*

GREAT SMOKY MOUNTAINS

(146 A4) (*H9*) Der je zur Hälfte in North Carolina und Tennessee liegende ⭐ Great Smoky Mountains National Park gehört zu den populärsten der USA und schützt 2000 km² der von Georgia heraufziehenden Appalachen.

Seinen Namen erhielt er aufgrund eines natürlichen Prozesses: Der auf die zu 90 Prozent bewaldeten Höhen fallende Regen vermischt sich mit den von der

DER SÜDEN

Vegetation produzierten Naturölen und entwickelt jenen blauen Dunst, den viele Countrysänger besungen haben.

Zu der ungewöhnlich artenreichen Fauna des Parks – darunter 60 Säugetierarten – gehören auch die Schwarzbären. Sie sind zwar scheu, doch sollten Sie die Ratschläge der Ranger beachten und keine Lebensmittel achtlos herumliegen lassen. Hikern stehen über 1300 km markierte Wege zur Verfügung. Beliebte Ziele sind *Clingman's Dome* (2025 m) und *Mount Le Conte.* Genehmigungen *(permits)* für mehrtägige Hikes erhalten Sie gratis in den *visitor centers* in Oconaluftee und Sugar Lands (Hwy. 441).

Stilecht überm offenen Feuer gegrillte Steaks, Ribs und riesige Salate gibt es im Bar-B-Q Wagon *(610 Main St. | Bryson City | Tel. 828 4 88 95 21 | €)*. Eine historische, urgemütliche Wildnislodge am Südrand des Parks ist Fryemont Inn *(41 Zi. | 245 Fryemont St. | Bryson City | Tel. 828 4 88 21 59 | www.fryemontinn.com | €–€€)*. Schlicht, aber sauber und gemütlich ist die motelähnliche Two Rivers Lodge *(21 Zi. | 5280 Ela Rd. | Bryson City | Tel. 828 488 12 73 | www.tworiverslodge.com | €)* mit Pool etwas außerhalb.

AUSKUNFT

GREAT SMOKY MOUNTAINS NATIONAL PARK
107 Headquarters Rd. | Gatlinburg (TN) | Tel. 865 4 36 12 00 | Tel. Backcountry Info 865 4 36 12 97 | www.nps.gov/grsm

ZIELE IN DER UMGEBUNG

ASHEVILLE (146 B4) *(H9)*
Das schöne Städtchen (88 000 Ew.) am Südstrand des Parks zählt zu den lebenswertesten Städten der USA. Man sieht schnell, warum: Der 2,7 km lange *Asheville Urban Trail* durch das fußgängerfreundliche Zentrum führt zu schönen Art-déco-Häusern, die Straßenmusikerszene gilt als die beste des Lands, und Restaurants wie Cafés leisten ihren Beitrag zu einer weltoffenen, kunstsinnigen Atmosphäre, die das *Asheville Art*

Wanderer im Great Smoky Mountains National Park

Museum (Di–Sa 10–17, So 13–17 Uhr | Eintritt 8 $ | 2 S Pack Square | www.ashevilleart.org) in bis zu 16 permanenten und Sonderausstellungen auf höchstem Niveau bündelt. www.exploreasheville.com Die größte Attraktion liegt vor den Toren der Stadt. 1895 wurde dort das *Biltmore Estate (tgl. | geführte Touren ab 35 $ | I-40, Exit 50)* fertiggestellt, die von schönen Gärten umgebene 250-Zimmer-

OUTER BANKS

"Sommerfrische" des Großindustriellen Cornelius Vanderbilt.

OUTER BANKS

(147 E–F4) (*M9*) ⭐ **Dünen und Sandstrände, so weit das Auge reicht: 300 km lang, aber nur 1,5 km breit und von Virginia bis zum Cape Lookout erstreckt sich diese Inselkette – ein Strandparadies.**

Badestrände, Hotels und Restaurants finden Sie vor allem im Norden. Vier der größten Inseln sind durch Brücken und Fähren miteinander verbunden. Im Süden bestimmen pittoreske Fischerhäfen und einsame Schutzgebiete das Bild.

SEHENSWERTES

CAPE HATTERAS NATIONAL SEASHORE

Das Schutzgebiet bewahrt die von über 400 Vogelarten bewohnten Feuchtgebiete der Outer Banks. Wahrzeichen des Parks ist das ☀ *Cape Hatteras Lighthouse (tgl. 9–18 Uhr | Eintritt 8 $)*, der älteste aus Stein gebaute Leuchtturm der USA. Info: *Cape Hatteras National Seashore | 1401 National Park Dr. | Manteo | Tel. 252 4 73 21 11 | www.nps.gov/caha*

WRIGHT BROTHERS MEMORIAL

Der flimmernde Schwarz-Weiß-Film von dem einige Meter weit hüpfenden Doppeldecker ist weltbekannt: 1903 hob der von den Gebrüdern Wright gebaute Segler von einer Düne in den *Kill Devil Hills* zum ersten motorgetriebenen Flug der Geschichte ab. Ein interessantes *visitor center* dokumentiert die Geschichte. *Tgl. 9–17 Uhr | Eintritt 4 $ | Milepost 8 | Kill Devil Hills | Bodie Island | www.nps.gov/wrbr*

ESSEN & TRINKEN

AQUA 🔴 🌿 ☀

Ein wunderbares Restaurant mit Bio-Küche, Meeresblick und herrlichen

Dünen und kilometerlange Sandstreifen: Die Outer Banks versprechen besten Strandurlaub

DER SÜDEN

Sonnenuntergängen. Zum Aqua gehört auch ein schönes Spa mit Massage- und Kosmetikangebot. *1174 Duck Rd. | Duck | Tel. 252 2 61 97 00 | €€–€€€*

OWEN'S RESTAURANT
Klassische *Southern Cuisine* in einem gemütlichen alten Fischerhaus. *US-158 | Milepost 16.5 | Nags Head | Tel. 252 4 41 73 09 | €€*

FREIZEIT & SPORT

Kayaking, Windsurfing und Segeln sind die beliebtesten Wassersportarten. Ein wahres Radfahrparadies ist der ☀ *Outer Banks Roadway*, eine fast 200 km lange, radlerfreundliche Straße mit Blick auf Meer und Marschen. Radverleihe gibt es in nahezu allen Orten.

Schön zum Drachenfliegen sind die 30 m hohen Dünen im *Jockey's Ridge State Park*, wo einst der Flugzeugpionier Orville Wright abhob. Eine Flugstunde kostet ab 109 \$, ● Tandemflüge ab 159 \$: *Kitty Hawk Kites (3933 S Croatan Hwy. | Nag's Head | Tel. 877 3 59 84 47 | www. kittyhawk.com).*

ÜBERNACHTEN

CAPTAINS LANDING ☀
Gediegene Unterkunft auf Ocracoke Island, unmittelbar am Wasser. Funktional eingerichtete Zimmer in warmen Farben, viele mit Balkon und Seeblick. *8 Zi. | 324 Hwy. 12 | Ocracoke | Tel. 252 9 28 19 99 | www.thecaptainslanding.com | €–€€*

PONY ISLAND MOTEL
Freundlicher, sauberer Familienbetrieb am Rand von Ocracoke, unweit der Fähre und dem Leuchtturm. Nüchterne Zimmer, Suiten mit Küche. Mit Pool. *50 Zi. | 785 Irvin Garrish Hwy. | Tel. 866 9 28 44 11 | www.ponyislandmotel.com | €–€€*

AUSKUNFT

OUTER BANKS CHAMBER OF COMMERCE
101 Town Hall Dr. | Kill Devil Hills | Tel. 252 4 41 81 44 | www.outerbankschamber.com

RICHMOND

(147 D2) (⌖ L7) **Vier Jahre reichten, um den Namen ins amerikanische Gedächtnis zu brennen: Die 1737 am James River gegründete Hauptstadt Virginias (215 000 Ew.) war während des Bürgerkriegs auch die Hauptstadt der Konföderation, doch musste sie 1865 nach mehreren Belagerungen kapitulieren.**

Heute signalisieren mehrere Hochschulen, ● biotechnische Firmen und die moderne Skyline eine typisch nordamerikanische Dynamik. Der Alte Süden ist jedoch nicht ganz vergessen. Das aus historischen Stadthäusern und Regierungsgebäuden bestehende Zentrum *Court End* mit dem *Virginia State Capitol* und das alte Schwarzenviertel *Jackson Ward* zeugen noch immer vom *Antebellum*.

SEHENSWERTES

INSIDER TIPP ▶ **JACKSON WARD**
Um 1900 florierte in dem Viertel, das damals *Little Africa* hieß, eine afroamerikanische Parallelgesellschaft, die Bürgerrechtler, Geschäftsleute und Musiker wie Duke Ellington hervorbrachte. Heute steht das restaurierte Viertel unter Schutz. Informativ: das dortige *Black History Museum and Cultural Center of Virginia (Di–Sa 10–17 Uhr | Eintritt 7 \$ | 122 W Leigh St. | Jackson Ward | www.blackhistorymuseum.org).*

VIRGINIA STATE CAPITOL
Durch den 1788 nach Plänen von Thomas Jefferson im neoklassizistischen Stil

RICHMOND

fertiggestellten Regierungssitz weht ein Hauch von Wehmut: Lebensgetreue Statuen amerikanischer Ikonen wie George Washington und Robert E. Lee erinnern an den Gegensatz zwischen Nord und Süd. *Mo–Sa 8–17, So 13–17 Uhr, geführte Touren Mo–Sa 9–16, So 13–16 Uhr | Eintritt frei | Capitol Square | Court End*

WHITE HOUSE AND MUSEUM OF THE CONFEDERACY

Die Residenz des Südstaatenpräsidenten Jefferson Davies und das Museum – beide liebevoll gepflegt – bieten eine lehrreiche Zeitreise in die dramatische Geschichte des Südens. *Tgl. 10–17 Uhr | Eintritt für beide 15 $ | 12th und Clay Sts. | Court End | www.moc.org*

ESSEN & TRINKEN

ACACIA

Ideenreiche, neue amerikanische Küche in alter Kirche. Besonders empfehlenswert: Filet Mignon mit Spinatsalat. *2601 W Carey St. | Tel. 804 5 62 01 38 | €–€€*

OLIO

Gourmettreff im eleganten Fan District. Bistrotheken mit Köstlichkeiten aus dem Mittelmeerraum. *2001-1/2 W Main St. | Tel. 804 3 55 51 82 | €–€€*

EINKAUFEN

Bilder, Kunstgewerbe, Antiquitäten und am Wochenende ein *farmer's market (17th St.)*. Im historischen Viertel *Shockoe Bottom (21st St., Broad St. und I-95)* mit netten Bars und Restaurants werden Sammler fündig.

ÜBERNACHTEN

THE JEFFERSON HOTEL

Südstaatenromantik in schlossähnlicher Herberge mit Himmelbetten und eleganter Lobby. Die Nummer eins in Richmond. *264 Zi. | Franklin/Adams Sts. | Tel. 804 6 49 47 50 | www.jeffersonhotel.com | €€€*

INSIDER TIPP ▶ LINDEN ROW INN

Schönes Stadthotel mit ruhigem Innenhof und gutem Restaurant. *70 Zi. | 100 E Franklin St. | Tel. 804 7 83 70 00 | www.lindenrowinn.com | €€–€€€*

AUSKUNFT

RICHMOND METROPOLITAN CONVENTION & VISITORS BUREAU

401 N 3rd St. | Tel. 804 7 83 74 50 | www.visitrichmondva.com

ZIELE IN DER UMGEBUNG

CHARLOTTESVILLE/MONTICELLO
(147 D2) (*M K7*)

Eine Autostunde nordwestlich von Richmond liegt zu Füßen der *Blue Ridge Mountains* dieses vornehme Universitätsstädtchen (46 000 Ew.). Hauptgrund für einen Abstecher hierher ist *Monticello (März–Okt. tgl. 8–18, sonst 9–16.30 Uhr | Eintritt ab 25 $ | auf I-64, Exit 121; auf Rte. 20 S, Schildern folgen | www.monticello.org)*. Der georgianische Landsitz, der die Rückseite jeder 5-Cent-Münze ziert, gehörte dem Universalgenie und dritten US-Präsidenten Thomas Jefferson und ist jeder Zoll ein Spiegel seines genialen Schöpfers.

COLONIAL WILLIAMSBURG
(147 E3) (*M L8*)

Eine Dreiviertelautostunde südöstlich von Richmond liegt das Städtchen *Williamsburg* (14 800 Ew.). 1632 gegründet, wurde es 1699 Hauptstadt der Kolonie Virginia und gesellschaftlicher Mittelpunkt der Pflanzeraristokratie. Als die Hauptstadt 1780 nach Richmond verlegt wurde, erlebte Williamsburg eine Talfahrt,

70 www.marcopolo.de/usa-ost

DER SÜDEN

Unternehmen Sie eine Zeitreise ins 18. Jh.: Colonial Williamsburg, ein riesiges Freilichtmuseum

bis John D. Rockefeller in den 1930er-Jahren die Umwandlung ganzer Stadtteile in Amerikas größtes Freilichtmuseum finanzierte. Als *Colonial Williamsburg* zeigt es die alte Hauptstadt wie im Jahre 1775: Auf den Straßen promenieren kostümierte Bürger und Hausmädchen, aus den Tavernen dringt bierseliges Gegröle auf die Straße, und vor dem *Governor's Palace* von 1720 rottet sich täglich eine wütende Menge zusammen, die die Unabhängigkeit von England fordert. *Mo–Fr 9–17, Sa/So 8.30–18 Uhr | Tageskarte (Day Pass) 41 $, erhältlich im Colonial Williamsburg Visitor Center | zwischen Rte. 132 und Colonial Parkway, I-64, Exit 238 | www.colonialwilliamsburg.com*

JAMESTOWN SETTLEMENT
(147 E3) (*M L8*)

Eine Stunde südöstlich von Richmond am Colonial Parkway richteten sich 1607 in der ältesten englischen Siedlung der USA 104 Siedler im Auftrag der *Londoner Virginia Company* häuslich ein. Seine „Wiedergeburt" erlebte Jamestown 1957 als Rekonstruktion: palisadenbewehrt und bewohnt wie 1607. Im Museum erfahren Sie die wahre Geschichte von John Smith und der Häuptlingstochter Pocahontas. *Tgl. 9–17 Uhr | Eintritt 16,75 $*

Unweit davon befinden sich auf **INSIDER TIPP** *Jamestown Island* (*tgl. 9–17 Uhr | Eintritt 14 $ | Colonial Parkway | www.apva.org*) die Ruinen der Originalsiedlung, ein weiteres Museum dokumentiert die Grabungen.

SAVANNAH

(146 B6) (*M J11*) Moosbehangene Eichen und der Duft von Magnolien, das Plätschern von Springbrunnen und schmiedeeiserne Balkongitter vor vornehm-verlebten Fassaden: willkommen in ★ ● Savannah (143 000 Ew.).
1733 gegründet und bis zum Bürgerkrieg ein wichtiger Baumwollhafen, ist die Stadt die ewige Konkurrentin des rund

SAVANNAH

anderthalb Autostunden entfernten Charleston. Sehenswert ist auch hier der herrliche, im Schachbrettmuster angelegte *Historic District* mit seinen schönen Pflanzerhäusern, guten Restaurants und 21 Plätzen – darunter der ● *Chippewa Square,* auf dem die berühmte Parkbankszene von „Forrest Gump" mit Tom Hanks gedreht wurde.

SEHENSWERTES

INSIDER TIPP ▶ BONAVENTURE CEMETERY

Der große, von knorrigen Eichen und Azaleen bedeckte Friedhof im Osten der Stadt ist mit seinen bemoosten Statuen und Granitsteinen auch tagsüber schön unheimlich. *Tgl. 8–17 Uhr | 330 Bonaventure Rd.*

DAVENPORT HOUSE

Das 1820 von Isaiah Davenport im Herzen der Altstadt gebaute georgianische Haus gilt als eines der schönsten entlang der Küste. Interessante halbstündige Besichtigungstour. *Mo–Sa 10–16, So 13–16 Uhr | Eintritt 9 $ | E State/Habersham Sts.*

INSIDER TIPP ▶ RALPH MARK GILBERT CIVIL RIGHTS MUSEUM

Das engagierte Museum zur Geschichte des schwarzen Bevölkerungsteils zeigt vor allem die Zeit der Rassentrennung und Bürgerrechtsbewegung in Savannah. *Mo–Sa 9–17 Uhr | Eintritt 5 $ | 460 Martin Luther King Jr. Blvd.*

SAVANNAH HISTORY MUSEUM

Gute Inszenierung der Plantagenwirtschaft und der oft dramatischen Stadt-

BÜCHER & FILME

The Help – Skeeter, eine angehende Journalistin im Mississippi der frühen 1960er-Jahre, sticht mit Artikeln über schwarze Mägde in weißen Haushalten in ein Wespennest. Roman von Kathryn Stockett (dt. „Gute Geister"), verfilmt 2011 mit Emma Stone

No Country for Old Men – Blutiger Thriller von Cormac McCarthy (2005): Sheriff Bells erfolgloser Kampf gegen die Drogenmafia, 2007 von den Coen-Brüdern verfilmt

Gottes Werk und Teufels Beitrag – John Irvings epischer Roman von 1985 erzählt davon, wie der junge Homer Wells als Ziehsohn des Kinderarztes Wilbur Larch im Waisenhaus St. Clouds in Maine aufwächst, verfilmt 1999

Rufmord – Jenseits der Moral – Politthriller um eine Senatorin (Joan Allen), deren Nominierung zur Vizepräsidentin eine Schlammschlacht um ihre moralische Eignung auslöst (2000)

Sex and the City – Power-Shopping und Bettgeschichten mit Carrie Bradshaw & Co. Kinofilm von 2008

Mississippi Burning – Zwei FBI-Agenten werden zur Aufklärung des Mords an drei Bürgerrechtlern nach Mississippi geschickt. Film von 1988 mit Gene Hackman

Picknick mit Bären – Auf dem Appalachian Trail trifft der beliebte Reiseschriftsteller Bill Bryson wilde Tiere und skurrile Typen (1999)

DER SÜDEN

geschichte. *Mo–Fr 8.30–17, Sa/So 9–17 Uhr | Eintritt 5 $ | 303 Martin Luther King Jr. Blvd.*

TELFAIR ACADEMY
Unerwartete Preziosen wie römische Plastiken und europäische Impressionisten befinden sich in diesem kleinen Kunstmuseum. *So/Mo 12–17, Di–Sa 10–17 Uhr | Eintritt 12 $ | 121 Barnard St. | www.telfair.org*

ESSEN & TRINKEN

INSIDER TIPP ELIZABETH ON 37TH
Chefin Elizabeth Terry kombiniert Südstaatenrezepte des 18. Jhs. mit den Erkenntnissen einer gesundheitsbewussten Küche. *105 E 37th St. | Tel. 912 2 36 55 47 | €€€*

MRS. WILKES' DINING ROOM
Eine Institution: Seit vier Generationen serviert die Wilkes-Familie in der einfachen Gaststätte für das Lowcountry INSIDER TIPP typisches Soulfood. *107 W. Jones St. | Tel. 912 2 32 59 97 | €*

AM ABEND

Das Revier für abendliche Kneipentouren liegt rund um den *City Market* und an der *Waterfront* des Savannah River. Tolle Stimmung, Livemusik und *dueling pianos* kann man im *Savannah Smiles (314 Williamson St.)* erleben, Live-Jazz in der zünftigen Kellerbar *Jazz 'd Tapas Bar (52 Barnard St.)*.

ÜBERNACHTEN

FOLEY HOUSE INN
Schönes altes Südstaaten-B-&-B am Chippewa Square, einige Zimmer mit Whirlpool. *19 Zi. | 14 W Hull St. | Tel. 912 2 32 66 22 | www.foleyinn.com | €€–€€€*

Der lange Weg zur Gleichberechtigung, veranschaulicht im Civil Rights Museum

FORSYTH PARK INN
Eingebettet zwischen Magnolien und Azaleen am schönsten Platz Savannahs. Frühstück im tropischen Garten oder auf herrlicher Terrasse. *11 Zi. | 102 W Hall St. | Tel. 912 2 33 68 00 | www.forsythparkinn.com | €€*

AUSKUNFT

SAVANNAH AREA CONVENTION & VISITORS BUREAU
101 E Bay St. | Tel. 912 6 44 64 00 | www.savannahvisit.com

FLORIDA

Sunshine State Florida (FL) ist Ferienland. Die Zahl der Sonnentage pro Jahr rechtfertigt den Beinamen, und die weltberühmte *Mickey Mouse* lockt jährlich weit über 30 Mio. Besucher allein nach Orlando.

Die heiße, bis fast nach Kuba reichende Landzunge wurde 1513 von dem Seefahrer Juan Ponce de León angelaufen. Im 18. Jh. von Engländern und Franzosen umstritten, kam sie 1821 zu den USA. Danach verzögerten die Seminolenkriege die Erschließung, bis in den 1880er-Jahren die Eisenbahn erst Siedler, dann Touristen brachte. Allein 1945–60 wurden hier mehr Hotels gebaut als im Rest des Lands zusammen. Selbst die 2005 durch Südflorida gerasten Hurrikane Katrina und Wilma verdarben den Sonnenanbetern die Laune nur vorübergehend. Dabei ist Florida mehr als nur Orlando! Miami steht für schwüles Nightlife vor Art-déco-Kulisse. In den Everglades lassen sich Alligatoren beobachten und im Kennedy Space Center der Start einer Rakete. Und nicht zuletzt sind Floridas Strände legendär.

Weitere Infos zu Florida finden Sie auch im MARCO POLO „Florida".

KEY WEST

(150 C6) *(J15)* **Ein Dickicht aus stark duftendem Ylang-Ylang, Jakaranda und Fächerpalmen, darin eingebettet pastellfarbene Holzhäuser mit Schaukelstühlen auf der Veranda:** ★ **Key West**

Bild: Strand auf Key West

Bei der Maus im Sunshine State: karibische Sonne, weißer Strand und Spaß mit Disney, Pelikanen und Alligatoren

(25 600 Ew.) ist der südlichste Ort Floridas und auch der karibischste.
Havanna liegt näher als Miami, und als Endpunkt der aus über tausend Eilanden bestehenden Inselkette der Florida Keys war der von Korallenriffen und grünem Meer umgebene Fischerort immer auch ein Treff für Künstler und Lebenskünstler. Hier herrscht der *key spirit,* eine Leichtigkeit, die Sie einlullt, sobald Sie die geschäftige *Duval Street* verlassen. Die stillen Seitenstraßen bevölkern noch immer Hühner – ein Wunder angedenk der Touristenmassen, die jährlich über Key West herfallen und rund um den für spektakuläre Sonnenuntergänge berühmten *Mallory Square* Margaritas schlürfen.

SEHENSWERTES

ERNEST HEMINGWAY HOME AND MUSEUM
Hier verbrachte Key Wests berühmtester Bürger seine produktivste Zeit. In dem im spanischen Kolonialstil erbauten

75

KEY WEST

Haus schrieb Hemingway u. a. „Wem die Stunde schlägt". *Tgl. 9–17 Uhr | Führungen 13 $ | 907 Whitehead St. | www.hemingwayhome.com*

KEY WEST AQUARIUM

Aquarium mit Patina: Das Key West Aquarium ist eines der ältesten des Lands und bietet u. a. Haifisch- und Seeschildkrötenbecken sowie INSIDER TIPP Mantas und Schalentiere zum Berühren in einem flachen Bassin – vor allem für Kinder ein

INSIDER TIPP NANCY FORRESTER'S SECRET GARDEN

Ein Dschungelgarten aus Palmen, Ylang-Ylang, Palmettopalmen und blühenden Orchideen mit bunten Papageien, die einem beim Ausruhen auf einer Bank Gesellschaft leisten. Der wild wuchernde Garten der Ökokünstlerin und Aktivistin Nancy Forrester ist vielleicht der schönste Ort zum Relaxen und Genießen in Key West. *Tgl. 10–15 Uhr | Eintritt 10 $ | 1 Free School Lane | www.nancyforrester.com*

Avalon B & B: schön übernachten wie in den guten alten Zeiten

beeindruckendes Erlebnis, bei dem sie leicht nass werden. Haifischfütterungen um 11, 13, 15 und 16.30 Uhr. *Tgl. 10–18 Uhr | Eintritt 15 $ | 1 Whitehead St. | www.keywestaquarium.com*

MEL FISHER MARITIME HERITAGE SOCIETY

Spannende Dokumentation der Hebung des spanischen Schatzschiffs *Nuestra Señora de Atocha. Mo–Fr 8.30–17, Sa/So 9.30–17 Uhr | Eintritt 15 $ | 200 Greene St. | melfisher.org*

ESSEN & TRINKEN

MANGOES

Steaks und Seafood, exzellente Saucen. Schöne Terrasse. *700 Duval St. | Tel. 305 2 92 46 06 | €€*

PISCES

Intimes Seafood-Restaurant. Warhol an den Wänden, spannende Gerichte wie „Lobster Tango Mango" auf dem Teller. *1007 Simonton St. | Tel. 305 2 94 71 00 | €€*

76 www.marcopolo.de/usa-ost

FLORIDA

FREIZEIT & SPORT

Das Korallenmeer rund um Key West ist ein Dorado für Segler, Surfer, Taucher und Kajakfans. Viele Veranstalter an der *Duval St.* bieten Segel- und Schnorcheltouren an. *Infos: Chamber of Commerce*

AM ABEND

Im *Captain Tony's Saloon (428 Greene St.)* trank schon Hemingway mit den Einheimischen um die Wette. In der ⚜ **INSIDER TIPP** *Schooner Wharf Bar (William St.)* warten ein Palmwedeldach, eine lange Theke und keine Wände, die den Blick auf den Yachthafen verstellen.

ÜBERNACHTEN

AVALON B & B
Hübsches, altes Conch-Haus am ruhigeren Südende der Insel. *12 Zi. | 1317 Duval St. | Tel. 305 2 94 82 32 | www.avalonbnb.com | €–€€€*

CROWN PLAZA LA CONCHA
Schönes Hotel, im Zwanzigerjahrelook belassen. Von der ⚜ Dachbar herrlicher Blick auf Key West. *160 Zi. | 430 Duval St. | Tel. 305 2 96 29 91 | €€–€€€*

AUSKUNFT

KEY WEST CHAMBER OF COMMERCE
510 Green St. | Tel. 305 2 94 25 87 | www.keywestchamber.org

MIAMI/ MIAMI BEACH

(151 D5) (*∅ K15*) **Miami – Stadt der Cocktails und Sonnenuntergänge. Im 16. Jh. von Spaniern besiedelt, aber erst**

CITY **WOHIN ZUERST?**

Art Déco District, Kunstmuseen, Happy Hour: Miami Beach besitzt von jeher die meisten Miami zugeschriebenen Attribute. Fangen Sie deshalb in **South Beach** an. Für den Besuch der übrigen touristisch interessanteren Stadtteile – Downtown Miami, Little Havana, Coral Gables – brauchen Sie ein Auto oder Taxi. Parkplätze sind allerdings nicht leicht zu finden und kosten ab 2 $/Stunde.

1896 durch die Eisenbahn auf die Landkarte gesetzt, ist Miami heute ein brodelnder Schmelztiegel von Menschen lateinamerikanischer, karibischer und europäischer Herkunft.

Quasi vor der Haustür Miamis (420 000 Ew.) liegt Kuba – ein Umstand, den über 100 000 Exilkubaner vor allem in *Little Havana* belegen. Eindrucksvoll sind die Art-déco-Häuser von ⚜ *Miami*

MARCO POLO HIGHLIGHTS

⭐ **Key West**
Total entspannt an Floridas Tiefpunkt → S. 74

⭐ **Art Déco Historic District**
Nostalgie und heiße Nächte in Miami → S. 78

⭐ **Everglades**
Im Kielwasser von Alligatoren und Krokodilen → S. 79

⭐ **Walt Disney World Resort**
Ein Megaspaß: unvergessliche Tage mit der ganzen Familie → S. 81

MIAMI/MIAMI BEACH

Beach (92 000 Ew.), aber auch die Kreuzfahrtschiffe, die nachts zur glitzernden Skyline beitragen.

SEHENSWERTES

ART DÉCO HISTORIC DISTRICT ⭐

Der 1,6 km² große Bezirk im Süden von Miami Beach steht seit 1979 unter Denkmalschutz. Seine pastellfarbenen, mit stilisiertem Dekor, Flamingos und Palmen verzierten Häuser sind der Modefotografen liebste Kulisse. Schicke Restaurants und Clubs liegen an der *Washington Avenue.* Zahlreiche Cafés und Bars mit Blick auf den palmengesäumten *Ocean Beach* finden Sie am ● 🔆 *Ocean Drive,* dem Laufsteg der Schönen und Reichen. Täglich veranstaltet die *Miami Design Preservation League* verschiedene Touren ab *Art Déco Welcome Center (1001 Ocean Dr. | Tel. 305 6 72 20 14).*

INSIDER TIPP LITTLE HAVANA

Die Hauptverkehrsader von Little Havana – nach Castros Revolution Fluchtpunkt der kubanischen Ober- und Mittelschicht – bildet die von zahllosen Läden und Cafés gesäumte *Eighth Street* bzw. *Calle Ocho.* Kubanischen Alltag erleben Sie am besten im *Maximo Gomez Park (SW 15th Ave.),* wo sich Einheimische beim Dominospiel über die Schulter schauen lassen.

PÉREZ ART MUSEUM MIAMI (VORMALS: MIAMI ART MUSEUM)

Das zum neuen Museumskomplex *Museum Park* in Downtown Miami gehörende *PAMM* widmet sich den zeitgenössischen Kreativen Amerikas, Westeuropas und Afrikas. Besondere Aufmerksamkeit wird dabei der Kunstszene Kubas geschenkt. *Di–So 10–18, Do 10–21 Uhr | Eintritt 16 $ | 1103 Biscayne Blvd. | www.pamm.org*

VIZCAYA MUSEUM & GARDENS

Die 34 zu besichtigenden Räume der 70-Zimmer-Villa des Industriellen James Deering enthalten seine Kunst- und Antiquitätensammlung. Mit herrlicher Gartenanlage über der Biscayne Bay. *Tgl. 9.30–16.30 Uhr | Eintritt 18 $ | 3251 S Miami Ave.*

ESSEN & TRINKEN

INSIDER TIPP THE FORGE RESTAURANT

Beste Steaks, herrliches Seafood und 300 000 Flaschen im Weinkeller. *432 41st St. | Miami Beach | Tel. 305 5 38 85 33 | €€€*

LOW BUDGET

Günstig übernachten Sie in Miami Beach im *Tropics Hotel & Hostel (1550 Collins Ave. | Tel. 305 5 31 03 61 | www.tropicshotel.com;* mit Pool) und im *Jazz on South Beach (321 Collins Ave. | Tel. 305 6 72 21 37 | www.jazzhostels.com).* Ein Bett im Schlafsaal kostet hier 20–35, das Doppelzimmer 50–100 $.

Florida Keys: Am Südende der Islamorada erhält man in *Robbie's Marina (www.robbies.com)* für 4 $ einen Eimer mit Sardinen, die man an bis zu 1,5 m lange und bis zu 50 kg schwere, silbrige Tarpune verfüttern kann – und die dafür auch schon mal fast auf den Steg springen!

Über die Homepage des Fremdenverkehrsamts von Orlando *(www.visitorlando.com)* können Sie gratis den offiziellen Führer der Stadt, den *Orlando Holiday Guide,* beziehen.

FLORIDA

GRILLFISH
Lebhaftes Fischrestaurant. Gut: gegrillter Schwertfisch. *1444 Collins Ave. | Miami Beach | Tel. 305 5 38 99 08 | €€–€€€*

VERSAILLES
Spiegelwände, Kronleuchter und gute kubanische Küche. *3555 SW 8th St. | Tel. 305 4 44 02 40 | €€*

AM ABEND

South Beach lockt mit Nachtclubs, Bars und Diskos. Bis frühmorgens getanzt wird in der noblen Partyfabrik *Mansion (1235 Washington Ave.)*, im lasershow-verrückten *Story (136 Collins Ave.)* und im *LIV*, der 1700 m² großen, mit VIP-Tischen bestückten Partyzone im legendären Hotel *Fontainebleau (4441 Collins Ave.)*. Fans lateinamerikanischer Rhythmen ziehen nach *Little Havana*, so in den *Club Tipico Dominicano (1344 NW 36 th St.)* und in *El Palenque (981 SW 8 th St.)*.

ÜBERNACHTEN

THE BETSY ●
Wunderbares Luxushotel im tropischen Kolonialstil. Rooftop-Bar mit Blick auf den Ocean Drive und schönes Spa mit Wellnessgarten. *63 Zi. | 1440 Ocean Dr. | South Beach | Tel. 305 5 31 61 00 | www.thebetsyhotel.com | €€–€€€*

CARDOZO HOTEL
Mit Liebe zum Detail renoviertes Art-déco-Hotel. Besitzerin: Gloria Estefan. Toller Blick auf den Ocean Beach von den **INSIDER TIPP** *Zimmern 202 und 305*. *44 Zi. | 1300 Ocean Dr. | Tel. 305 5 35 65 00 | www.cardozohotel.com | €€€*

ESSEX HOUSE
Art-déco-Hotel mit Bullaugen und Arkade. 70 stilvolle, große Zimmer. *1001 Collins Ave. | Miami Beach | Tel. 305 5 34 27 00 | www.essexhotel.com | €€*

AUSKUNFT

GREATER MIAMI CONVENTION & VISITORS BUREAU
701 Brickell Ave. | Suite 2700 | Tel. 305 5 39 30 00 | www.miamiandbeaches.com

Schrille Autos und Häuser im Art-déco-Stil, das ist Miami Beach

ZIEL IN DER UMGEBUNG

EVERGLADES ★ (150 C5–6) (J14–15)
Eine halbe Autostunde westlich von Miami beginnt eine subtropische Sumpf-

79

NAPLES

landschaft. 110 km breit, aber höchstens hüfttief ist ihr empfindliches Ökosystem als *Everglades National Park* und Unesco-Welterbe geschützt. Quer durch den Nordteil führt die nach *Naples* strebende US-75. An ihr liegen *visitor center* und *ranger stations*.

der Ostküstenelite. Naples (21 000 Ew.) eignet sich gut als Ausgangspunkt für Trips in den Everglades National Park und entlang der Southern Gulf Coast.
Bis heute regiert in Naples kühle Noblesse mit schicken Restaurants und Boutiquen im Kreuzungsbereich Fifth Ave.

Mit Boot oder Kanu durch die subtropische Sumpflandschaft der Everglades

Der Reiz der Feuchtlandschaft erschließt sich auf Wander- und Bootstouren, die Sie am besten von *Everglades City* am Westrand oder von *Flamingo* aus, dem Endpunkt der in *Homestead* beginnenden Rte. 9336 am Südrand, unternehmen können. *Park Headquarters | 40001 State Rd. | 9336 Homestead | Tel. 305 2427700 | www.nps.gov/ever*

NAPLES

(150 C5) (*J14*) **Die Eisenbahnverbindung von 1927 machte aus dem Fischerort am Golf von Mexiko ein Strandresort** und 3rd St. – doch die herrlichen Strände sind öffentlich. Und die lange ● *Naples Pier* ist für viele ein beliebter Treffpunkt – spätestens zum Sonnenuntergang.
Nette Restaurants sind das *Riverwalk Fish and Ale House (1200 Fifth Ave. S | Tel. 239 2632734 | €)* über dem Gordon River mit frischem Seafood und einer großen Auswahl lokaler Biere sowie *Spanky's Speakeasy (1550 Airport Pulling Rd. | Tel. 239 6431559 | €–€€)*, ein mit Flohmarktantiquitäten vollgestopftes Lokal, das Fisch, Hühnchen und Steak auf der Speisekarte führt.
Die Hotels am Strand sind unbezahlbar, doch in der zweiten Reihe schläft es sich

FLORIDA

erheblich preiswerter. Die mit Abstand angenehmste und preiswerteste Bleibe in Naples ist das neben modernen Wohnblocks gelegene, wunderbar altmodische **INSIDER TIPP** *Lighthouse Inn* (15 Zi. | 9140 Gulfshore Dr. N | Tel. 239 5 97 63 76 | €–€€) am Vanderbilt Beach. Auskunft: *Naples Chamber of Commerce/Visitors Information Center | 900 5th Ave. | Tel. 239 2 62 61 41 | www.naples chamber.org*

ORLANDO

(150 C3) (*J13*) Schon von der durch das Stadtgebiet Orlandos führenden I-4 aus ist die rund 20 km entfernte Entertainmentkulisse zu sehen: Wo bis 1965 nur Orangen geerntet wurden, ragen heute die glitzernden Resorts und Themenparks in den Himmel.

Walt Disney World und Sea World gaben den Startschuss für eine boomartige Entwicklung, deren Ende nicht absehbar ist: Orlando (256 000 Ew.) ist eines der kommerziell erfolgreichsten Touristenziele der Welt. Mit dem **INSIDER TIPP** *Park-Hopper-Pass* (Magic-your-Way-Ticket für 7 Tage, plus Park Hopper Option 425 $ | www.mousesavers.com) sind alle Disney-Themenparks bis zu sieben Tage lang beliebig oft zu besuchen.

SEHENSWERTES

SEA WORLD ORLANDO
Eine Welt für sich mit mehr als 8000 Meerestieren. Erlebnisreich sind der Gang durch ein Haifischbecken sowie die zahlreichen phantastischen, bei Tierschützern allerdings umstrittenen Delphin- und Orcashows, darunter die Darbietung *Blue Horizons*, die den Traum eines kleinen Mädchens mit einem Riesenaufgebot an Delphinen, Akrobaten und exotischen Vögeln umsetzt. *April–Sept. tgl. 9–22, sonst 9–19 Uhr | 7007 Sea World Dr. I-4, Exit 28 | www.seaworld.com*

UNIVERSAL ORLANDO
Universal Orlando richtet sich eher an junge Erwachsene. Hier geht es lauter zu, die Attraktionen sind noch haarsträubender, und es gibt ein reges Nachtleben. Universal Orlando besteht aus drei Teilen. In den *Universal Studios Florida* (tgl. 9–22 Uhr | 1 Tag 105 $ | I-4, Exits 75A bzw. 74A) werden Studiotouren durch bekannte Filmkulissen geboten.

Im benachbarten Themenpark *Universal Studios Islands of Adventure* drängen sich alle u. a. in *The Wizarding World of Harry Potter* und in den neuesten Achterbahnen. Der *Universal Studios City Walk* schließlich ist ein riesiger Shoppingtainmentkomplex. *www.universalorlando.com*

WALT DISNEY WORLD RESORT
Dieser Megavergnügungspark am Südwestrand Orlandos setzte neue Maßstäbe. Auf einer Fläche der doppelten Größe Manhattans eröffneten 1971 gleich vier gigantische Themenparks. Drei Dutzend Resorthotels mit insgesamt 25 000 Zimmern, Golfplätze, Wasserparks und Nachtclubs sorgen inzwischen dafür, dass Sie gleich mehrere Tage bleiben.

Am beliebtesten ist das *Magic Kingdom*, das Herz von *Walt Disney World*. Es besteht aus *Fantasyland, Tomorrowland* und fünf weiteren „Ländern". Hier steht auch das berühmte *Cinderella Castle*. Halsbrecherische Achterbahnfahrten, die sogenannten *thrill rides*, gibt es ebenso wie beschauliche Spaziergänge durch hübsche Märchenlandschaften.

In *Disney's Animal Kingdom* reisen Sie durch afrikanische Savannenlandschaften, *Epcot (Experimental Prototype Community of Tomorrow)* bietet auf rund

ORLANDO

1 km² lehrreiche Technikausstellungen. Tolle Achterbahnfahrten und einen Blick hinter die Kulissen haben Sie bei den *Disney's Hollywood Studios*. Höhepunkte sind hier die simulierte Rundreise durchs All mit den *Star Tours*, die *Muppet Show* in 3-D und natürlich *Star Wars*. *Tgl. 9–21 Uhr | I-4, Exit 25B bzw. 26B | www.disneyworld.disney.go.com*

ESSEN & TRINKEN

THE CAPITAL GRILLE
Das beste und auch edelste Steakhaus der Stadt, nahe dem Convention Center. *9101 International Dr. | Tel. 407 3 70 43 92 | €€€*

NUMERO UNO
Ruhige Oase: *arroz con pollo* und andere kubanische Gerichte in Downtown Orlando. *2499 S Orange Ave. | Tel. 866 4 95 71 87 | €€*

ÜBERNACHTEN

BEST WESTERN ORLANDO GATEWAY
Modernes Hotel der Dreisternekategorie nahe den Universal Studios. Mit Pool und Tennisplatz. *297 Zi. | 7299 Universal Blvd. | Tel. 407 3 51 50 09 | www.bworlando.com | €–€€*

FAIRFIELD INN & SUITES ORLANDO AT SEAWORLD
Viel Hotel für relativ wenig Geld, dazu ein Pool und das netteste Personal am International Drive. *152 Zi., 48 Suiten | 10815 International Dr. | Tel. 407 3 54 11 39 | www.fairfieldinn.com | €–€€*

AUSKUNFT

ORLANDO/ORANGE COUNTY CONVENTION & VISITORS BUREAU
8723 International Dr. | Tel. 407 3 63 58 72 | www.visitorlando.com

Mit dem Raddampfer durchs Frontierland im Walt Disney World Resort von Orlando

FLORIDA

ZIEL IN DER UMGEBUNG

KENNEDY SPACE CENTER

(150 C3) (⌂ J13)

80 km östlich von Orlando erreichen Sie über Hwy. 50 und Hwy. 528 bei *Titusville* und *Cocoa Beach* die sogenannte *Space Coast.* Hier befindet sich auf der vorgelagerten *Merritt Island* das Herz der amerikanischen Raumfahrtindustrie. Seit 1963 schießt die Nasa von hier aus Raketen in den Weltraum.

Das touristische Interesse konzentriert sich auf den *Kennedy Space Center Visitor Complex.* Er enthält ein Raumfahrtmuseum, die Replik eines Spaceshuttles, ein Imax-Kino und das 2007 eröffnete *Shuttle Launch Experience (tgl. 9–17 Uhr | Eintritt 50 $ | über Hwy. 405 und Rte. 3),* wo Sie mithilfe raffinierter Technologie den Start eines Shuttles an Bord miterleben können.

Den Rest der weitläufigen Anlage – darunter das 52-stöckige *Assembly Building*, wo die Raumfähren gebaut werden – können Sie per Bus auf der *Kennedy Space Center Tour (alle 15 Min. | im Preis inbegriffen)* erkunden. *www.kennedyspacecenter.com*

ding (toller Blick vom 22. Stock) konzentrierten *Downtown* mit Bars, kleinen Läden und *coffee shops* ihren Stempel aufgedrückt.

Einen Besuch lohnt das beste Museum zur Geschichte des Staats, das *Museum of Florida History (Mo–Fr 9–16.30, Sa 10–16.30, So 12–16.30 Uhr | Eintritt frei | 500 S Bronough St. | www.museumoffloridahistory.com)*, während das *Black Archives Research Center and Museum (Mo–Fr 9–17 Uhr | Eintritt frei | 445 Gamble St. | auf dem Uni-Campus)* eine eher nüchterne Aufarbeitung der Leidensgeschichte der schwarzen Bevölkerung Floridas bietet.

Organische Grillhühnchen, *cioppino* und Seafood können Sie im Souterrain-Bistro-Restaurant *Andrew's 228 (228 S Adams St. | Tel. 850 2 22 34 44 | €€–€€€)* genießen. Und zum Übernachten empfiehlt sich das charmant-kitschige *Little English Guesthouse (3 Zi. | 737 Timberlane Rd. | Tel. 850 9 07 97 77 | www.littleenglishguesthouse.com | €)*, wo sogar ein Ritter in Rüstung über Ihren Schlaf wacht.

Auskunft: *Tallahassee Area Convention and Visitors Bureau | 106 E Jefferson St. | Tel. 850 6 06 23 05 | www.visittallahassee.com*

TALLAHASSEE

(150 A2) (⌂ G12) **1823 als Hauptstadt des Bundesstaats gegründet, erinnert die in sanften Hügeln liegende Stadt (187 000 Ew.) eher an den Alten Süden als an den Sunshine State. An schattigen Alleen, den** *canopy roads,* **träumen historische Residenzen. Am fotogensten sind Miccosukee, Meridian und Old Bainbridge Road mitten im Stadtzentrum.**

Rund 25 000 an der *Florida State University* eingeschriebene Studenten haben der rund um das ❊ *New Capitol Buil-*

ZIELE IN DER UMGEBUNG

INSIDER TIPP ▸ BARRIER ISLANDS

(150 A2–3) (⌂ G12)

Zwei Autostunden südwestlich von Tallahassee erreichen Sie auf der US-98 den vom Tourismus noch weitgehend verschonten Fischerort *Carrabelle* und das durch die Austernzucht bekannte *Apalachicola* am Golf von Mexiko. Von Eastpoint aus führt die US-1A auf die größte der drei vorgelagerten Barrier Islands, *St. George Island.* Hier erwarten Sie 40 km lange, kaum bebaute Sandstrände – einer der schönsten und ruhigsten Abschnitte der Golfküste.

83

MISSISSIPPI-TAL

Durchs Wasser schaufelnde Raddampfer, die Abenteuer des Tom Sawyer, traditionelle Dixielandkapellen und greise Barden, die auf zerkratzten Gitarren den Blues schrammeln: Wer hat nicht diese Bilder im Kopf, wenn vom Mississippi die Rede ist?

Der längs durch die Mitte des Lands fließende Strom ist Amerikas „Old Man River", das Rückgrat der Nation. Fast 3000 km lang und bis zu 1,5 km breit, gibt er den Amerikanern jenes Gefühl von Beständigkeit und Verwurzelung, das sonst eher Europäern eigen ist. An seinen Ufern liegen die Städte, von denen aus Blues, Jazz und Rock 'n' Roll ihre Siegeszüge um die Welt antraten: St. Louis (MO), Memphis (TN) und natürlich New Orleans (LA), die sinnliche und 2005 von Hurrikan Katrina so schrecklich heimgesuchte Schöne am Golf von Mexiko. Weitere Infos über das Mississippi-Tal finden Sie auch im MARCO POLO „USA Südstaaten".

CAJUN COUNTRY

(148 A–B5) *(m C–D 11–12)* **Die Gesichter ähneln denen in Französisch-Kanada, der Glaube ist katholisch: Westlich von New Orleans beginnt ★ Cajun Country, das Land der Cajuns, das von Houma bis Lake Charles reicht.**

Die Nachfahren der 1755 von den Briten aus Nova Scotia vertriebenen, französischsprachigen Arkadier (franz. *Aca-*

84 Bild: Am Mississippi-Delta

**Sehnsucht am großen Strom:
In den Städten am Old Man River ist noch
immer die Musik von einst lebendig**

diens) haben viel von ihren Traditionen in die Gegenwart gerettet, vor allem die herzhafte *Cajun Cuisine* und die muntere Cajun-Musik. Selbst ihre Sprache haben sie bewahrt, obwohl deren Benutzung zwei Generationen lang verboten war. Heute ist Cajun Country mit der inoffiziellen Hauptstadt *Lafayette* (124 600 Ew.) Heimat von über 1 Mio. Cajuns. Ihre Dörfer sind kleine Schmuckstücke mit großer Kirche im Zentrum und gepflegten alten Holzhäusern mit Veranda und Schaukelstuhl.

SEHENSWERTES

INSIDER TIPP ACADIAN MUSEUM
Herrlich chaotisch, aber ungemein informativ. Das winzige Museum in *Erath* ist eine Fundgrube in Sachen Cajuns. *Tgl. 13–16 Uhr | Spende erbeten | 203 S Broadway | www.acadianmuseum.com*

OAK ALLEY PLANTATION
Die herrschaftliche, 1839 errichtete Pflanzerresidenz bei *Vacherie* erhielt ihren Namen durch ihre imposante, von Eichen

CAJUN COUNTRY

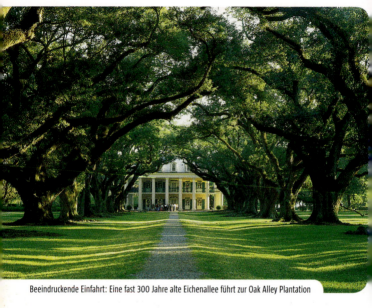

Beeindruckende Einfahrt: Eine fast 300 Jahre alte Eichenallee führt zur Oak Alley Plantation

gesäumte Auffahrt. *März–Okt. tgl. 9–17, sonst Mo–Fr 9–16.30, Sa/So 9–17 Uhr | nur geführte Touren 20 $ | 3645 Hwy. 18 | www.oakalleyplantation.com*

WETLANDS ACADIAN CULTURAL CENTER
Das moderne Kulturzentrum in *Thibodeaux* (15 000 Ew.) widmet sich der dramatischen Geschichte der Akadier von ihrer Ankunft in Nova Scotia bis zur Flucht nach Louisiana und dem Kampf um ihre in den USA einzigartige Kultur. *Mo–Di 9–19, Mi–Fr 9–17 Uhr | Eintritt frei | 314 St. Marys St. | www.nps.gov/jela/wetlands-acadian-cultural-center.htm*

ESSEN & TRINKEN

DAVE'S CAJUN KITCHEN
Zünftiges Lokal, auf der Karte stehen neben Seafood reisgefüllte Würste *(boudins)* und deftiger Eintopf *(gumbo)*. *6240 Main St. | Houma | Tel. 984 8 68 38 70 | €*

PREJEAN'S
Cajun-Bands und *Cajun Cuisine,* dazu ein ausgestopfter, 3 m langer Alligator machen den Besuch zu einem Erlebnis. *3480 Hwy. 167 | Lafayette | Tel. 337 8 96 32 47 | €–€€*

TOUREN

A CAJUN MAN'S SWAMP CRUISES ★
Cajun man Ron Guidry schippert seine Gäste auf einer abenteuerlichen Tour durch die von Alligatoren bewohnte Sumpflandschaft aus Bayous und Marschen. *23 km westlich von Houma | Hwy. 182 | Ticket 25 $ | Tel. 985 8 68 46 25 | www.cajunman.com*

AM ABEND

Im **INSIDER TIPP** *Liberty Theatre* (*Eintritt 5 $ | 2nd St./Park Ave. | Eunice*) spielen – live im Radio übertragen – jeden

MISSISSIPPI-TAL

Samstagabend um 18 Uhr (!) die besten Cajun-Bands Louisianas. Das Theater ist auch ein Szenetreff mit Lokalkolorit.

ÜBERNACHTEN

MADEWOOD PLANTATION HOUSE
Schlafen wie Scarlett O'Hara in einem herrschaftlichen Pflanzerhaus. *8 Zi. | 4250 Hwy. 308 | Napoleonville | Tel. 985 3 69 71 51 | www.madewood.com | €€€*

INSIDER TIPP ▶ THE OLD CASTILLO B & B
B & B in historischem Steinhaus am Bayou Teche. Sieben große Zimmer. *220 Evangeline Rd. | St. Martinsville | Tel. 337 3 94 40 10 | www.oldcastillo.com | €–€€*

AUSKUNFT

LOUISIANA OFFICE OF TOURISM
Baton Rouge | Tel. 225 3 42 81 00 | www. louisianatravel.com

MEMPHIS

(148 C2) (∅ E9) Als „Home of the Blues" wird Memphis (647 000 Ew.) häufig geehrt – und vibriert auch heute noch vor Musik.

1819 als Baumwollumschlaghafen gegründet, wurde die Stadt von Bürgerkrieg und Gelbfieber heimgesucht und um 1900 Keimzelle einer neuen, afroamerikanischen Mittelschicht. Rund um die legendäre *Beale Street*, wo Muddy Waters und B. B. King einst den Blues als Musikstil definierten, klagen abends noch immer talentierte Sänger in zahlreichen Kneipen über zu wenig Liebe und zu viel Arbeit. Einer überstrahlt sie jedoch alle: Elvis Presley. Der „King" nahm im legendären *Sun Studio (www.sunstudio. com)* seine ersten Platten auf und wohnte bis 1977 in *Graceland*.

CITY ▶ WOHIN ZUERST?

Memphis ist Amerikas *music city,* und die fußgängerfreundliche **Beale Street,** wenige Blocks vom Mississippi entfernt, deren Herz. Hier, wo sich die Musikkneipen aneinanderreihen, sollte Ihr Besuch beginnen. Für National Civil Rights Museum, Stax Museum und Graceland benötigen Sie ein Auto. Die Orientierung in der weit auseinandergezogenen Stadt ist aber relativ leicht.

SEHENSWERTES

GRACELAND ★
1957 kaufte Elvis 22-jährig diesen stattlichen Besitz und richtete sich standesge-

---

MARCO POLO HIGHLIGHTS

★ **Cajun Country**
Französische Klänge und schmackhafte Küche am Delta des Old Man River → S. 84

★ **A Cajun Man's Swamp Cruises**
Auf einer Bootstour durch die Sümpfe Alligatoren füttern → S. 86

★ **Graceland**
Weltbekannte Pilgerstätte in Memphis: das Haus von Elvis → S. 87

★ **French Quarter**
Multikulturelles Flair in New Orleans → S. 88

★ **Gateway Arch**
Aussicht über den Mississippi → S. 90

NEW ORLEANS

mäß ein. Zu sehen sind auf verschiedenen Touren seine Anzüge, Autos, Gitarren und goldenen Schallplatten. Beliebtes Fotomotiv: ● das Portal mit Noten. *Mo–Sa 9–17, So 9–16 Uhr | Eintritt 36–77 $ | 3764 Elvis Presley Blvd. | www.elvis.com*

INSIDER TIPP ▶ NATIONAL CIVIL RIGHTS MUSEUM

Das Museum widmet sich der Geschichte der Bürgerrechtsbewegung. Es ist im früheren *Lorraine Motel* untergebracht, auf dessen Balkon Martin Luther King Jr. 1968 erschossen wurde. *Mo–Sa 9–18, So 13–18 Uhr | Eintritt 15 $ | 450 Mulberry St. | www.civilrightsmuseum.org*

STAX MUSEUM OF AMERICAN SOUL MUSIC

Von der Fender-Gitarre Ike Turners bis zu Otis Reddings Wildlederjacke: Liebhabern der Soulmusik werden hier die Augen (und Ohren) übergehen. *Mo–Sa 10–17, So 13–17 Uhr | Eintritt 13 $ | 926 E McLemore Ave. | www.staxmuseum.com*

ESSEN & TRINKEN

BLUES CITY CAFÉ

Gigantische Steaks, auch *ribs* und Fisch. Täglich Livemusik. *138 Beale St. | Tel. 901 5 26 36 37 | €–€€*

CHARLES VERGOS' RENDEZVOUS

Kellerrestaurant in einer ruhigen Seitenstraße; gilt als bester Ort für gute *ribs*. *52 S 2nd St. | Tel. 901 5 23 27 46 | €€*

AM ABEND

Täglich Livemusik mit *ribs* und Bier können Sie im *Blues City Café (138 Beale St.)* genießen, einem intimen Restaurant mit Bar und kleiner Bühne. Das *Rum Boogie Café (182 Beale St.)* ist Memphis' Spielstätte für alle Lokalmatadore.

ÜBERNACHTEN

THE PEABODY

Das beste Hotel der Stadt. Berühmt für seine Enten, die um 11 und um 17 Uhr durch die Lobby zu ihrem Springbrunnen marschieren. *468 Zi. | 149 Union Ave. | Tel. 901 5 29 40 00 | www.thepeabodyhotel.com | €€€*

TALBOT HEIRS GUESTHOUSE

Eine etwas preiswertere Alternative zum gegenüberliegenden Peabody. Alle Zimmer sind hübsche Miniapartments. *9 Zi. | 99 S 2nd St. | Tel. 901 5 27 97 72 | www.talbothouse.com | €€*

AUSKUNFT

MEMPHIS CONVENTION & VISITORS BUREAU

47 Union Ave. | Tel. 901 5 43 53 00 | www.memphistravel.com

NEW ORLEANS

(148 C5–6) (*MAP* D12) **New Orleans (378 700 Ew.) ist „The Big Easy". Nicht umsonst wird hier mit dem *Mardi Gras* der ausgelassenste Karneval Nordamerikas gefeiert.**

Das multikulturelle Erbe reflektiert am besten das ⭐ *French Quarter*. Die von den Franzosen seit 1718 angelegte Altstadt wurde später von den Spaniern und Kreolen erweitert und wirkt mit ihren Atrien hinter weißen Stuckfassaden eher wie eine kolonialspanische Stadt in der Karibik.

Nach Hurrikan Katrina verließ 2005 über die Hälfte der Einwohner die Stadt. Das *French Quarter* wurde in der Zwischenheit wiederhergestellt. In manchen Au-

MISSISSIPPI-TAL

ßenbezirken sind die Schäden jedoch auch heute noch sichtbar.

SEHENSWERTES

BOURBON STREET
Aus allen Ritzen der Bourbon Street im French Quarter quillt Gelächter und Musik. Wo Louis Armstrong in anrüchigen Etablissements seine ersten Dollars verdiente, toben sich heute sonst eher prüde *yankees* aus. Das musikalische Erbe der Straße bewahrt die in einer Seitenstraße liegende *Preservation Hall (Mi–So 20–23 Uhr | Eintritt 15–20 $ | 726 St. Peter St. | www.preservationhall.com)* mit stilechtem Ambiente der 1920er-Jahre und allabendlichem Jazz und Dixieland live.

JACKSON SQUARE
Auf dem von Palmen und Kolonialarchitektur umgebenen ehemaligen Exerzierplatz zwischen Decatur und Chartres St. dominiert das *Reiterstandbild Andrew Jacksons*. Links neben der schönen *St. Louis Cathedral* von 1794 steht der *Cabildo*, ein 1799 von den Spaniern gebautes Verwaltungsgebäude, in dem 1803 der *Louisiana Purchase* unterzeichnet wurde.

Rechts der Kirche beherbergt der 1813 vollendete ehemalige Bischofssitz *Presbytère*, heute Teil des *Louisiana State Museum (Di–So 10–16.30 Uhr | Eintritt 6 $ | 751 Chartres St. | louisianastatemuseum.org/museums/the-presbyter)*, eine herrliche INSIDER TIPP Sammlung historischer Mardi-Gras-Kostüme.

NEW ORLEANS
HISTORIC VOODOO MUSEUM
Mit den Sklaven gelangte die Voodoo-Tradition in die Stadt. Seit 1972 gibt's hierzu ein Museum samt Voodoo-Shop. Auch Tickets für Voodoo-Zeremonien erhältlich. *Tgl. 10 Uhr bis Sonnenuntergang | Eintritt 7 $ | 724 Dumaine St.*

Von den Hurrikanzerstörungen ist im berühmten French Quarter nichts mehr zu sehen

89

ST. LOUIS

ESSEN & TRINKEN

CAFÉ DU MONDE
Drinnen und draußen: *Beignets* mit Café au Lait im beliebtesten Kaffeehaus der Stadt. *800 Decatur St. | €*

K-PAUL'S LOUISIANA KITCHEN
Hier tischt Louisianas Starkoch Paul Prudhomme kreative *Cajun Cuisine* auf. *416 Chartres St. | Tel. 504 5 96 25 30 | €€–€€€*

LOW BUDGET

Mit dem Rad für 35 $ pro Tag durchs *French Quarter* und ins *Bywater-Viertel*, eine kleine Künstlerkolonie im *Upper Ninth Ward*, wo manche Häuser noch immer die während der Katrina-Katastrophe aufgesprühten Code-Signale der Rettungsmannschaften tragen. Räder erhalten Sie bei *Bicycle Michael's (622 Frenchmen St. | Tel. 504 9 45 95 05 | www. bicyclemichaels.com).*

Cajun Country: ● Samstags ab 9 Uhr gibt's eine Jamsession bei freiem Eintritt und super Stimmung im *Savoy Music Center (Hwy. 190 | zwischen Eunice und Lawtell | www. savoymusiccenter.com)*. Jeder, der ein Instrument halten kann, ist willkommen.

Memphis: Der pinkfarbene Trolleybus der *Memphis Area Transit Authority (MATA)* fährt von der *Beale St.* zu zahlreichen Sehenswürdigkeiten, darunter auch dem *National Civil Rights Museum*, und kostet gerade mal 1 $ pro Fahrt.

AM ABEND

Tipitina's ist eine Institution: Reggae, Rock 'n' Blues und *swamp rock* genannte Cajun-Musik *(501 Napoleon Ave.)*. Täglich Rock, Country und Cajun-Musik in hemdsärmeliger Atmosphäre gibt's im *Howlin' Wolf (907 S Peter St.)*.

ÜBERNACHTEN

MONTELEONE
Stilvolles Grandhotel im French Quarter seit 1886. *600 Zi. | 214 Royal St. | Tel. 504 5 23 33 41 | www.hotelmonteleone.com | €€€*

WYMDHAM INN FRENCH QUARTER
Mitten im French Quarter, trotzdem bezahlbar. Pool, Restaurant. *379 Zi. | 124 Royal St. | Tel. 504 5 29 72 11 | www. wyndhamfrenchquarter.com | €€*

AUSKUNFT

NEW ORLEANS METROPOLITAN CONVENTION & VISITORS BUREAU
2020 St. Charles St. | Tel. 504 5 66 50 11 | www.neworleanscvb.com

ST. LOUIS

(144 C3) (⑩ E7) Von hier zogen die Siedler mit ihren Planwagen nach Kalifornien. Heute hat die Stadt am Mississippi (318 000 Ew.), die 1764 als französischer Pelzhandelsposten begann, mit einem kontinuierlichen Niedergang zu kämpfen.

SEHENSWERTES

GATEWAY ARCH ★ ☆
Der skylineprägende Bogen aus glitzerndem Stahl wurde 1965 am Mississippi-

MISSISSIPPI-TAL

Unübersehbar rahmt der stählerne Gateway Arch auch die historischen Gebäude von St. Louis

Ufer aufgestellt. 192 m hoch, symbolisiert der vom finnischen Architekten Eero Saarinen gestaltete Bogen die historische Rolle der Stadt als Tor zum Westen. Im Innern führt ein kleiner Aufzug bis zum höchsten Punkt, von wo aus Sie einen herrlichen Blick über den Fluss und die Stadt haben. *Tgl. 8–22 Uhr | Eintritt 10 $ | Riverfront Park | www.gatewayarch.com*

UNION STATION
1894 war er der größte Bahnhof der Welt, 1978 wurde er in ein Shopping- und Entertainmentcenter umfunktioniert – samt einem 539-Zimmer-Hotel, dem *Doubletree by Hilton St. Louis Union Station.* 90 Geschäfte und Restaurants machen den Besuch zu einem besonderen Vergnügen. *Market/18th St.*

ESSEN & TRINKEN

HARRY'S RESTAURANT & BAR
Herzhafte amerikanische Küche mit tollem Blick auf Union Station und Downtown. *2144 Market St. | Tel. 314 4 21 69 69 | €–€€*

SIDNEY STREET CAFÉ
Gemütliches Restaurant, hervorragende neue amerikanische Küche. Probieren Sie die sautierte *foie gras* mit Ananassalat und geräucherter Mortadella. *2000 Sidney St. | Tel. 314 7 71 57 77 | €€*

ÜBERNACHTEN

SEVEN GABLES INN
Ein hübscher Inn im englischen Landhausstil in Clayton, 10 Minuten von Downtown St. Louis entfernt. Innenhof. *32 Zi. | 26 N Meramec Ave. | Tel. 314 8 63 84 00 | www.sevengablesinn.com | €€*

AUSKUNFT

ST. LOUIS CONVENTION & VISITORS COMMISSION
701 Convention Plaza | Suite 300 | Tel. 314 4 21 10 23 | www.explorestlouis.com

DIE GROSSEN SEEN

Amerikaner nennen die Region südlich der Großen Seen *Midwest*, den Mittleren Westen. Hier schlägt das wirtschaftliche Herz der Nation.

In Ohio (OH), Illinois (IL), Michigan (MI) und Wisconsin (WI) sitzen große Unternehmen wie Ford, General Motors, Chrysler und Harley-Davidson. Chicago (IL) gilt als Kunst- und Architekturmekka, Cleveland (OH) besitzt das beste Popmusikmuseum des Lands und Detroit das bekannteste Automuseum. Das größte Naturschauspiel der ansonsten landwirtschaftlich geprägten Region sind die Niagarafälle an der kanadischen Grenze in Upstate New York mit 20–30 Mio. Besuchern jährlich! Weitere Infos über die Region finden Sie auch im MARCO POLO „Chicago und die Großen Seen".

CHICAGO

(140 A5) (*F5*) 1779 gegründet, hat Chicago heute 2,7 Mio. Einwohner. Im 20. Jh. dann schufen Mies van der Rohe und Frank Lloyd Wright Chicagos avantgardistisches Make-up – und Künstler aus aller Welt verschönen mit ihren Skulpturen den Finanzdistrikt und den Vorzeigeboulevard *Magnificent Mile*.

SEHENSWERTES

ART INSTITUTE OF CHICAGO ★
Es ist eines der weltweit größten Kunstmuseen mit spektakulärem Anbau von Renzo Piano, das u. a. die wichtigste Sammlung französischer Impressionisten außerhalb

Bild: Im Millenium Park von Chicago

Kontrapunkt im Herzen Amerikas: Kunst vom Feinsten, die berühmtesten Wasserfälle der Welt und tolle Aussichten

WOHIN ZUERST?

Auf die Aussichtsplattform **360 Chicago** im 94. Stockwerk des John Hancock Center! Von dort oben liegen Ihnen zu Füßen die Michigan Avenue alias *Magnificent Mile,* das Museum of Science and Industry und etwas weiter südlich das Art Institute of Chicago. Busse der CTA (Chicago Transit Authority) fahren die Michigan Avenue auf und ab.

Frankreichs besitzt. *Mo–So 10.30–17, Do 10.30–20 Uhr | Eintritt 23 $ | Grant Park | 111 S Michigan Ave. | www.artic.edu*

JOHN HANCOCK CENTER ★

Von der Aussichtsplattform *360 Chicago* des 343 m hohen Wohn- und Büroturms zeigt sich Chicago besonders schwindelerregend: Die nach außen gewölbten Fenster ermöglichen den senkrechten Blick in die Tiefe! *Tgl. 9–23 Uhr | Eintritt 26 $ | Magnificent Mile | 875 N Michigan Ave. | www.jhochicago.com*

93

CHICAGO

Besten Blues und Jazz gibt es in Buddy Guy's Legends

MUSEUM OF SCIENCE AND INDUSTRY
Es zählt zu den besten Mitmachmuseen der USA und beherbergt u. a. ein deutsches U-Boot aus dem Zweiten Weltkrieg und eine Boeing 727. *Tgl. 9.30–17.30 Uhr | Eintritt 18 $ | 5700 S Lake Shore Dr.*

ESSEN & TRINKEN

BLACKBIRD
Fürs Auge zubereitete Gerichte wie Stör mit karamellisiertem Sellerie. *619 W Randolph St. | Tel. 312 715 07 08 | €€€*

TRU
Innovative französische Küche, serviert in elegantem Designerambiente. Nur Festpreismenüs. *676 N St. Clair St. | Tel. 312 202 00 01 | €€€*

EINKAUFEN

Die schönsten Malls des mittleren Amerikas: Die ● *Magnificent Mile*, den nördlich vom Chicago River gelegenen Abschnitt der *N Michigan Avenue* bis ca. zur *Oak Street*, begleiten noble Boutiquen und Konsumtempel wie *Bloomingdale's* und *Saks Fifth Avenue*. Den krönenden Abschluss bilden die rund 100 Geschäfte und Restaurants im achtstöckigen *Water Tower Place (835 N Michigan Ave.)* am Nordende der Magnificent Mile.

AM ABEND

Eine der besten Bluesbars der Stadt ist das **INSIDER TIPP** *Blue Chicago on Clark (536 N Clark St. | www.bluechicago.com)* mit täglichen Liveauftritten nördlich von The Loop. In *Buddy Guy's Legends (700 S Wabash St. | www.buddyguy.com)* können Sie live unverfälschten Blues und Jazz genießen.

ÜBERNACHTEN

THE DRAKE HOTEL ✿
Luxuriöses Traditionshotel von 1920, in vergoldeter Nostalgie schwelgende Lob-

DIE GROSSEN SEEN

by. Viele Zimmer mit Seeblick. *537 Zi. | 140 E Walton Place | Tel. 312 7 87 22 00 | www.thedrakehotel.com | €€€*

INSIDER TIPP ▶ **OHIO HOUSE MOTEL**
Sauberes Motel, zivile Preise und dazu ein lebendiges Nachtleben: alles mitten in der Downtown. *50 Zi. | 600 N La Salle St. | Tel. 312 9 43 60 00 | www. ohiohousemotel.com | €€*

AUSKUNFT

CHOOSE CHICAGO
301 E Cermak Rd. | Tel. 312 5 67 85 00 | www.choosechicago.com

CINCINNATI

(145 F3) *(ØØ H6–7)* **Die 1788 gegründete Stadt (297 000 Ew.) ist ein Zentrum der verarbeitenden Industrie mit einem hochwertigen Kulturangebot.**
Die postmoderne Skyline rund um den Fountain Square nimmt sich am besten von der 1867 gebauten *Roebling Suspension Bridge* über den Ohio River aus. Die andauernde Stadterneuerung zeigt mit dem neuen Entertainment District *The Banks* am Ohio River erste Früchte.

SEHENSWERTES

CONTEMPORARY ARTS CENTER
Provozierend, inspirierend: Das 2003 fertiggestellte Museum ist eine der richtungsweisenden Institutionen für zeitgenössische Kunst. *Sa–Mo 10–16, Mi–Fr 10–21 Uhr | Eintritt 7,50 $ | 44 E 6th St. | www.contemporaryartscenter.org*

MUSEUM CENTER AT UNION TERMINAL ●
Der frühere, von einer riesigen Kuppel gekrönte Bahnhof der Stadt beherbergt

heute drei interessante Museen, darunter das der Stadtgeschichte gewidmete *Cincinnati History Museum (Mo–Sa 10–17, So 11–18 Uhr | Eintritt 14,50 $ | 1301 Western Ave. | www.cincymuseum.org)*. Zudem finden hier oft Events aller Art statt.

ESSEN & TRINKEN

ARNOLD'S BAR & GRILL
Traditionelle italienische und amerikanische Küche in Cincinnatis ältester Kneipe. *210 E 8th St. | Tel. 513 4 21 62 34 | €*

ÜBERNACHTEN

HILTON NETHERLAND PLAZA
Juwel in französischem Art déco im Zentrum. *619 Zi. | 35 W 5th St. | Tel. 513 4 21 91 00 | www.1hilton.com | €€–€€€*

MARCO POLO HIGHLIGHTS

⭐ **Art Institute of Chicago**
Große Kunst von der Antike bis zur Moderne: Zeit und bequeme Schuhe mitbringen! → S. 93

⭐ **John Hancock Center**
Berauschender Blick über Chicago und den Lake Michigan von der Aussichtsterrasse des förderturmartigen Wolkenkratzers → S. 93

⭐ **Rock and Roll Hall of Fame**
Clevelands Ruhmeshalle der Rockmusik → S. 96

⭐ **Henry Ford Museum**
Das ultimative Automobilmuseum in Detroit → S. 97

⭐ **Niagara Falls**
Gischtvernebelt und weltberühmt → S. 99

CLEVELAND

AUSKUNFT

CINCINNATI USA CONVENTION & VISITORS BUREAU
525 Vine St., Suite 500 | Tel. 513 6 21 21 42 | www.cincyusa.com

CLEVELAND

(141 D5) *(ⓜ J5)* **John D. Rockefeller gründete hier 1870 seine Standard Oil Company. Andere Industriemagnaten jener Ära zogen nach und verwandelten Cleveland (390 000 Ew.) in eine schmutzige Industriemetropole.**

Seit den 1970er-Jahren auf Dienstleistungen umgeschwenkt, zeigt sich die 1799 am Lake Erie gegründete Stadt heute mit fotogener Seeseite, weltoffener Downtown und quirligem Vergnügungsviertel. Die Attraktionen wie das *Cleveland Museum of Art*, das *Museum of Natural History* und die *Botanical Gardens* konzentrieren sich im Viertel *University Circle* im Osten der Stadt. Das Gros der Besucher kommen jedoch für die *Rock and Roll Hall of Fame*. Beiderseits des Cuyahoga River liegen die Vergnügungsviertel *The Flats* mit Dutzende von Clubs und Restaurants.

SEHENSWERTES

ROCK AND ROLL HALL OF FAME ★ ●
Stararchitekt I. M. Pei entwarf die sechsgeschossige Pyramide. Drinnen gibt's alles zum Rock 'n' Roll – von seinen Bluesanfängen bis zu heutigen Teenie-Idolen. Stilecht stöbern Sie im *Rock Hall Store*. *Tgl. 10–17.30 Uhr | Eintritt 22 $ | 1100 Rock and Roll Blvd. | www.rockhall.com*

ESSEN & TRINKEN

BLUE POINT GRILLE
Erstklassiges Seafood, zu empfehlen: Krabben und *clam chowder*. *700 W St. Clair Ave. | Tel. 216 8 75 78 27 | €€–€€€*

ÜBERNACHTEN

GLIDDEN HOUSE
Hinter alten Bäumen versteckter Inn in würdevoll-neogotischem Stil. 60 gemütliche Zimmer. *1901 Ford Dr. | Tel. 216 2 31 89 00 | €€–€€€*

AUSKUNFT

DESTINATION CLEVELAND
The Higbee Building, Suite 100 | 334 Euclid Ave. | Tel. 216 8 75 66 80 | www.thisiscleveland.com

DETROIT

(140 C4) *(ⓜ H4–5)* **Die Autobauerstadt (685 000 Ew.) zwischen den Lakes Huron und Erie an der Grenze zu Kanada wurde in den letzten Jahren von der Finanzkrise in voller Wucht getroffen.**

LOW BUDGET

In Chicago den Wagen preiswert parken: Die riesige *Grant Park North Garage (Einfahrt N Michigan Ave. | zwischen Monroe und Washington St.)* macht's möglich: 30 $ (bis max. 8 Std.) und schon für einen Dollar mehr bis max. 24 Stunden.

Museen und Galerien in Chicago sind teuer. Sparen Sie mit dem *Chicago City Pass* für 84 $. Er gilt für fünf Attraktionen, erhältlich online *(www.citypass.com/city/chicago.html)* oder in den *visitor centers.*

96   www.marcopolo.de/usa-ost

DIE GROSSEN SEEN

Da glänzen die Augen aller Technikfans: Henry Ford Museum bei Detroit

1701 als französisches Fort gegründet, führte Henry Ford 1913 hier die Fließbandproduktion ein. Heute produzieren die stark gebeutelten Autogiganten GM, Ford und Chrysler in Detroit ein Viertel aller Autos des Landes. Angetrieben wird die *Motor City* von einer meist afroamerikanischen Belegschaft, die u. a. den berühmten *Motown Sound* hervorbrachte.

SEHENSWERTES

HENRY FORD MUSEUM ⭐
Der Komplex gilt flächenmäßig als größter Amerikas. Rund 200 Automobile und andere Highlights amerikanischer Technikgeschichte sind in alten Fertigungshallen zu sehen. Angeschlossen ist das Freilichtmuseum *Greenfield Village*. Tgl. 9.30–17 Uhr | Eintritt 20 $ | 20900 Oakwood Blvd. | www.thehenryford.org

INSIDER TIPP ▶ MOTOWN HISTORICAL MUSEUM
Stevie Wonder, Smokey Robinson, die Supremes, Marvin Gaye: Sie alle nahmen im Studio A von Berry Gordy Jr. auf. Geführte Touren durch die Produktionsräume zeigen Ihnen unzählige Erinnerungsstücke und nostalgische Aufnahmetechnik. *Di–Sa 10–18 Uhr | Eintritt 12 $ | 2648 W Grand Blvd. | www.motownmuseum.com*

ESSEN & TRINKEN

INSIDER TIPP ▶ HOCKEYTOWN CAFÉ
Dem Eishockey und den geliebten *Detroit Red Wings* gewidmetes Sportrestaurant, Spezialität: Lokalkolorit und Bombenstimmung bei Heimspielen. *2301 Woodward Ave. | Tel. 313 4 71 34 00 | €*

ÜBERNACHTEN

INSIDER TIPP ▶ THE ATHENEUM SUITE HOTEL
Cooles Designhotel. Alle Suiten besiten zwei Ebenen und schöne, luxuriösen Bäder. *174 Zi. | 1000 Brush Ave. | Tel. 313 9 62 23 23 | www.atheneumsuites.com | €–€€*

MILWAUKEE

AUSKUNFT

DETROIT METRO VISITORS BUREAU
211 W Fort St. | Tel. 313 2 02 18 00 | www.visitdetroit.com

ZIEL IN DER UMGEBUNG

INSIDER TIPP MACKINAC ISLAND
(140 C2) (*H2*)
Die autolose Insel zwischen Lake Huron und Lake Michigan, rund drei Stunden nordwestlich von Detroit, lebt seit 1850 von Sommerfrischlern. Die dramatische Geschichte der Insel erzählt das wehrhafte Fort Mackinac *(tgl. 9–17.30 Uhr | Eintritt 12 $). Anreise per Fähre ab St. Ignace oder Mackinaw City | www.mackinacferry.com*

MILWAUKEE

(140 A4) (*F4*) **Die saubere Industriestadt (600 000 Ew.) am Westufer des Michigansees erhält regelmäßig Besuch aus der alten Heimat. Dies erklärt die vielen deutschen Metzgern und Bäckern. Brauereien wie Pabst, Schlitz und Blatz machten Milwaukee zur US-Bierkapitale.**

SEHENSWERTES

INSIDER TIPP HARLEY-DAVIDSON MUSEUM
Das tiefe Tuckern der Zweizylinder haben sich William S. Harley und Arthur Davidson patentieren lassen. Das 2008 eröffnete Museum beherbergt 450 jener heißen Öfen, die wie keine anderen den Traum von Freiheit und Abenteuer verkörpern. Nicht verpassen: den *burger of the month* im *Motor Bar & Restaurant*. *Tgl. 10–18 Uhr | Eintritt 20 $ | 400 W Canal St. | www.harley-davidson.com*

MILWAUKEE ART MUSEUM
Seine Hängebrücke und das fast 30 m hohe, einer Möwe nachempfundene Sonnensegel machen den 2015 runderneuerten und innen neu konzipierten

Atemberaubende Architektur von Santiago Calatrava: das Milwaukee Art Museum

98 www.marcopolo.de/usa-ost

DIE GROSSEN SEEN

Bau selbst zum Kunstwerk. Drinnen erwarten Sie u. a. deutsche Expressionisten. *Di–So 10–17 Uhr | Eintritt 15 $ | 700 N Art Dr. | www.mam.org*

OLD WORLD THIRD STREET
Im 19. Jh. war diese kopfsteingepflasterte Straße mit ihren Fachwerkhäusern Milwaukees Hauptstraße. *Zwischen Wisconsin und Juneau Ave.*

ESSEN & TRINKEN

WATER STREET BREWERY
Muntere Atmosphäre, Pasta, *ribs* und Steaks in großzügigen Portionen. Selbst gebrautes Bier. *1101 N Water St. | Tel. 414 2 72 11 95 | €*

ÜBERNACHTEN

THE PFISTER HOTEL
Milwaukees schönstes Traditionshotel, sehenswerte Lobby und gute Weekendpreise. *307 Zi. | 424 E Wisconsin Ave. | Tel. 414 2 73 82 22 | www.pfister-hotel.com | €€–€€€*

AUSKUNFT

GREATER MILWAUKEE CONVENTION & VISITORS BUREAU
648 N Plankinton Ave., Suite 425 | Milwaukee | Tel. 414 2 73 39 50 | www.visit milwaukee.org

ZIEL IN DER UMGEBUNG

DOOR PENINSULA (140 A3) *(ₒ F–G3)*
200 km nördlich von Milwaukee ragt die fingerförmige Halbinsel in den Lake Michigan. Mit hübschen Dörfern, Inseln und über 400 km Küstenlinie ist Door Peninsula ein beliebtes Ferienziel mit zahlreichen Freizeitaktivitäten und Spa-Resorts. Auskunft: *Door County Chamber of Commerce | 1015 Green Bay Rd. | Sturgeon Bay | Tel. 920 7 43 44 56 | www. doorcounty.com*

NIAGARA FALLS

(141 E4) *(ₒ K4)* Wer kennt sie nicht? Die ⭐ Niagarafälle an der kanadischen Grenze sind die berühmtesten Wasserfälle der Welt.

Der Niagara River, der die Lakes Erie und Ontario miteinander verbindet, fließt hier über eine 50 m hohe Stufe – ein donnerndes Spektakel, bei dem 1,5 Mio. l Wasser pro Sekunde in die Tiefe stürzen. Die mitten im Fluss verlaufende Grenze teilt die Fälle in die sich in weitem Bogen 670 m im Halbrund spannenden *Horseshoe Falls* auf der kanadischen und die *American Falls* und *Bridal Veil Falls* auf der amerikanischen Seite. Letztere liegen im *Niagara Reservation State Park.* Einen guten Überblick haben Sie vom 🌱 *New York State Observation Tower* am *Prospect Point (tgl. 9–22 Uhr).* Abends farbige Illumination.

Die Dampfer der *Maid-of-the-Mist-Flotte* fahren bis unmittelbar vor die *Horseshoe Falls (tgl. 10–22 Uhr).* Am Fuß der *Brial Veil Falls* auf dem klitschnassen *Hurricane Deck* enden geführte Touren durch die 🌱 *Cave of the Winds (tgl. 9–19.30 Uhr).* Diese und weitere Aktivitäten sind mit dem online erhältlichen *Niagara USA Discovery Pass (Preis 38 $ | www.niagara usadiscoverypass.com)* abgegolten.

Ein angenehmer Inn im Ort *Niagara Falls* ist der *Red Coach Inn (11 Zi. | 2 Buffalo Ave. | Tel. 716 2 82 14 59 | www. redcoach.com | €€–€€€).*

Auskunft: *Niagara Falls Convention & Visitors Bureau | 10 Rainbow Blvd. | Tel. 716 2 82 89 92 | www.niagara-usa.com*

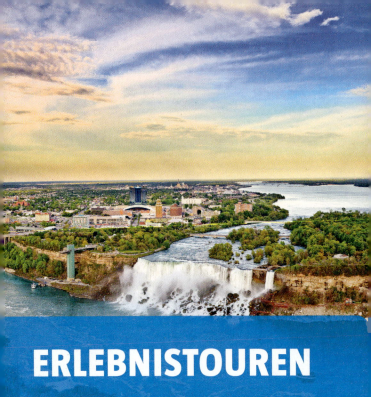

ERLEBNISTOUREN

❶ DER OSTEN DER USA PERFEKT IM ÜBERBLICK

START: ❶ New York City
ZIEL: ⓘ Chicago

16 Tage
reine Fahr-/Flugzeit
60 Stunden

Strecke:
➡ Auto 3900 km, Flugzeug 2000 km

KOSTEN: Inlandsflüge pro Pers. ca. 300 Euro, Mittelklassemietwagen ca. 700 Euro, Benzin ca. 500 Euro, Autofähre 13 Euro/Auto, Eintrittspreise pro Pers. ca. 280 Euro
MITNEHMEN: Badesachen, Kopfbedeckung, Regensachen, Mückenschutz

ACHTUNG: Nicht nur die Inlandsflüge, auch die Autofähre von Ocracoke nach Cedar Island sollten Sie vorab reservieren *(www.ncdot.gov/ferry)*.

Jeder Zipfel dieser Erde hat seine eigene Schönheit. Wenn Sie Lust haben, die einzigartigen Besonderheiten dieser Region zu entdecken, wenn Sie tolle Tipps für lohnende Stopps, atemberaubende Orte, ausgewählte Restaurants oder typische Aktivitäten bekommen wollen, dann sind diese maßgeschneiderten Erlebnistouren genau das Richtige für Sie. Machen Sie sich auf den Weg und folgen Sie den Spuren der MARCO POLO Autoren – ganz bequem und mit der digitalen Routenführung, die Sie sich über den QR-Code auf S. 2/3 oder die URL in der Fußzeile zu jeder Tour downloaden können.

Eine ideale Route für USA-Einsteiger! Historische Städte wie New Orleans gehören dazu, aber natürlich auch New York City und Amerikas Schaltzentrale Washington D. C. – sowie schönste Natur und Badestopps in Florida!

Den Auftakt bildet ❶ **New York City** → **S. 50**. Beginnen Sie den Tag mit einer atemberaubenden Fahrstuhlfahrt das **Empire State Building** hinauf und schlendern Sie über die für ihre Juweliere berühmte **Fifth Avenue** zum **Central Park**. Mittags lockt dort das **Tavern on the Green** *(67th St./Central Park W | Tel. 212 8 77 86 84 | €€)* mit leich-

Bild: Niagara Falls

TAG 2–3
(420 km)
❷ Washington D. C.

ter Kost. Danach geht es zum berühmten **Solomon R. Guggenheim Museum** und abends zum Absacker ins Kneipenviertel **Greenwich Village**.

Auf der bis zu zwölfspurigen Route 495 fahren Sie am nächsten Tag unter dem Hudson River hindurch und auf der I-95 nach ❷ Washington D. C. → S. 56. Gönnen Sie sich etwas Shopping im historischen Zentrum von **Georgetown**, wo Sie danach für die nächsten beiden Nächte das **Hotel Lombardy** beziehen. Am nächsten Morgen steht das ehrfurchtgebietende **US-Kapitol** und danach ein Bummel über die weitläufige **National Mall** mit einem Besuch des **National Museum of the American Indian** auf dem Programm.

102 Diese Touren finden Sie als App unter http://go.marcopolo.de/uso

ERLEBNISTOUREN

Genießen Sie später den Blick über die überraschend grüne US-Hauptstadt vom **Washington Monument** aus.

Auf in die Appalachen! Unterwegs auf der I-66 bietet sich ein Schlenker über die Route 234 N zum ❸ Manassas National Battlefield Park *(tgl. 9–17 Uhr | Eintritt 3 $ | 12521 Lee Hwy.)* an. **Zurück auf der I-66 biegen Sie bei Front Royal auf den Skyline Drive** – Vorsicht, querendes Hochwild! – durch den ❹ **Shenandoah National Park → S. 59** ab. Genießen Sie die berühmte Panoramastraße bis Rockfish Gap. Im romantischen **Waynesboro** schlafen Sie im **Speckled Trout B&B** *(6 Zi. | 607 Oak Ave. | Tel. 540 9 46 48 99 | www.thespeckledtroutbb.com | €€)*.

Auf der I-64 führt die Route durch Virginias friedvolle Piedmont-Region. Unterwegs erleben Sie in Thomas Jeffersons Anwesen ❺ **Monticello → S. 70** in **Charlottesville** die fast religiöse Verehrung dieses 3. US-Präsidenten. **Danach geht es auf der I-64 auf die ❻ Outer Banks → S. 68**, wo Sie mit Meer auf beiden Seiten **auf dem Outer Banks Roadway** Ihrem Ziel für zwei Nächte, **Ocracoke**, entgegensteuern. Baden? Strandspaziergang? Sightseeing? Der nächste Tag steht ganz im Zeichen von Wellness für die Seele! Und im weitläufigen Vogelschutzgebiet ❼ **Cape Hatteras National Seashore → S. 68** wartet ein schöner Blick vom 64 m hohen **Cape Hatteras Lighthouse**!

Ob Sie während der über zweistündigen Überfahrt von Ocracoke nach Cedar Island Wale sehen? **Wieder an Land fahren Sie auf der Route 17 weiter nach Süden.** Im fotogenen Hafenstädtchen ❽ INSIDER TIPP **Wilmington** sollten Sie sich die Beine vertreten: Wilmingtons *historic dictrict* ist wunderschön! Abends wartet in ❾ **North Myrtle Beach** ein erfrischendes Bad im Meer und eine Übernachtung im **Atlantic Breeze Ocean Resort** *(90 Zi. | 1321 S Ocean Blvd. | Tel. 866 9 42 73 39 | www.oceanaresorts.com | €€–€€€)*.

Weiter auf der Route 17! Genießen Sie in der kompakten, zwischen Cooper und Ashley River eingeklemmten Altstadt von ❿ **Charleston → S. 64** den Charme des Alten Südens. Erfreuen Sie sich danach in ⓫ **Savannah → S. 71** an den moosbehangenen Eichen, und kehren Sie abends in einem der vielen guten Restaurants der Altstadt ein.

Ihr heutiges Ziel ist Daytona Beach, doch zunächst bringt **Sie die I-95 nach ⓬ St. Augustine**! Fühlen Sie sich beim

103

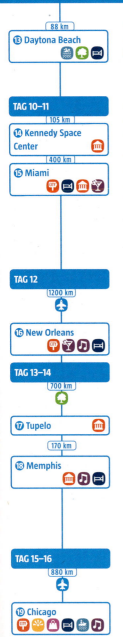

Bummel auf der historischen **Calle Réal** um 400 Jahre zurückversetzt! Am Tagesende checken Sie in ⓭ **Daytona Beach** im **Coquina Inn B & B** *(4 Zi. | 544 S Palmetto Ave. | Tel. 386 2 54 49 69 | coquinainn.com | € €)* ein und gönnen sich ein Bad im Atlantik.

Ein guter Zwischenstopp **auf der I-95 unterwegs nach Miami** ist am Weltraumbahnhof **Cape Canaveral** das spannende ⓮ **Kennedy Space Center** *(tgl. 9–19 Uhr | Eintritt ab 50 $ | www.kennedyspacecenter.com)*. In ⓯ **Miami → S. 77** angekommen, suchen Sie sich gleich in **South Beach** für zwei Übernachtungen ein Hotel und mischen sich dem **Ocean Drive** unter die Reichen und Schönen! Gönnen Sie sich am nächsten Tag eine Führung durch den **Art Déco Historic District** und möglichst auch eine Kunstausstellung im **Wolfsonian** *(tgl. 12–18 Uhr | Eintritt 7 $ | 1001 Washington Ave.)*, um dann rechtzeitig zur legendären Happy Hour (16–18 Uhr) wieder am Ocean Drive zu sein!

Nach zweistündigem Flug kommen Sie mittags in ⓰ **New Orleans → S. 88 an.** Übernehmen Sie Ihren Mietwagen, checken Sie in Ihrem Hotel im **French Quarter** ein, und verschaffen Sie sich auf der berühmten **Bourbon Street** und dem INSIDERTIPP **Jackson Square** mit seinen Brass Bands einen guten Eindruck von „The Big Easy".

Roadtrip! **Verlassen Sie das French Quarter auf der I-10 und I-55. In Summit biegen Sie auf die Route 84 nach Natchez ab.** Kurz vor Natchez geht es auf den landschaftlich schönen Natchez Trace Parkway und über Jackson nach ⓱ **Tupelo**, wo Sie **Elvis Presleys Geburtshaus** *(Mo–Sa 9–17 Uhr | Eintritt ab 7 $ | 306 Elvis Presley Dr. | www.elvispresleybirthplace.com)* besichtigen. Planen Sie nun am besten zwei Nächte für ⓲ **Memphis → S. 87** – „Home of the Blues" – ein. Besuchen Sie vormittags **Graceland**, das Anwesen von Elvis Presley, und nachmittags das gute, die Bürgerrechtsbewegung dokumentierende **National Civil Rights Museum**. Abends ist Live-Blues angesagt, und zwar in den Kneipen an der **Beale Street**.

Auf zur letzten Etappe: Fliegen Sie heute nach ⓳ **Chicago → S. 92**, wo Sie als Erstes vom **John Hancock Center** aus den phantastischen Rundblick genießen sollten. Dann steht Shoppen auf dem Plan – im Einkaufsparadies **Magnificent Mile**, bevor Sie in Ihr Hotelbett in Downtown fallen. Genießen Sie an Ihrem letzten Tag eine City-Tour mit dem **Chi-

ERLEBNISTOUREN

cago Water Taxi *(Tageskarte 8 $ | www.chicagowatertaxi. com)*, schauen Sie im **Museum of Science and Industry** vorbei, und lassen Sie Ihren Trip bei handgemachtem Blues im **Blues Chicago on Clark** ausklingen.

2 NEUENGLAND: BERGE, STRÄNDE UND AMERIKAS WIEGE

START: 1 Boston
ZIEL: 1 Boston

Strecke: 1520 km

8 Tage
reine Fahrzeit
21 Stunden

KOSTEN: Mittelklassemietwagen ca. 400 Euro, Benzin ca. 100 Euro, Eintritte pro Pers. ca. 200 Euro
MITNEHMEN: Wanderschuhe, Badesachen, Regenzeug, Mückenschutz

Geschichte und Kultur, die höchsten Berge und die schönsten Strände im Nordosten: Neuengland ist nicht nur die Wiege der USA, sondern mit seinen unterschiedlichen Landschaften auf engstem Raum auch ein Paradies für Naturfreunde.

Sie verlassen 1 **Boston → S. 36** auf dem US Hwy. 1 nach Norden. Nach einer halben Stunde bringt Sie **der Hwy. 114** nach 2 **Salem → S. 40**, wo Sie sich im **Salem Witch Museum** *(tgl. 10–17 Uhr | Eintritt 10 $ | 19 1/2 Washington Sq. N)* gruseln dürfen. Danach geht es **auf der I-95 nach** 3 **Portsmouth**. Dort kehren Sie zum Seafood-Lunch im **River House** *(53 Bow St. | Tel. 603 4 31 26 00 | €€)* in der Altstadt ein. **Auf dem Hwy. 16 geht es dann durch das** seenreiche Hinterland. Übernachten Sie im romantischen 4 **Jackson** im **Eagle Mountain House** *(96 Zi. | 179 Carter Notch Rd. | Tel. 603 3 83 91 11 | www.eaglemt.com | €€)* zu Füßen der White Mountains.

Umrunden Sie auf dem Hwy. 302 den 5 **Mount Washington → S. 42**. **Nach dem prächtigen Omni Mount Washington Resort rechter Hand biegen ab Sie zur** INSIDER TIPP **Mount Washington Cog Railway**. Die Gipfeltour mit der alten Zahnradbahn wird Ihnen in Erinnerung bleiben! Später geht es **auf der 302, dann der I-93 S durch die steil**wandige Franconia Notch. Biegen Sie ab auf den Hwy. 3A zu Ihrem Übernachtungsziel in 6 **Lebanon**, dem **Marriott by Courtyard** *(112 Zi. | 10 Morgan Dr. | Tel. 603 6 43 56 00 | www.courtyard-hanoverlebanon.com | €€)*.

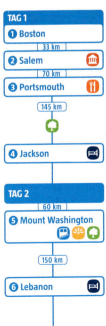

TAG 1
1 Boston
33 km
2 Salem
70 km
3 Portsmouth
145 km
4 Jackson

TAG 2
60 km
5 Mount Washington
150 km
6 Lebanon

105

TAG 3–4

175 km

❼ Newfane

80 km

❽ Berkshire Hills

Westwärts geht es auf der I-89. Später wechseln Sie auf den Hwy. 4 durch die Green Mountains. Der in Rutland nach Süden abzweigende Hwy. 7 führt durch den schönsten Teil der Grünen Berge nach Weston und ❼ Newfane, wahre Postkartenidyllen. Lunchen Sie im charmanten Newfane Café *(555 Rte. 30 | Tel. 802 36 54 44 20 | €)*! In Greenfield biegen Sie auf den alten Indianerpfaden folgenden Mohawk Trail nach North Adams in den ❽ Berkshire Hills → S. 34 ab. Übernachtet wird im geschmackvollen Porches Inn *(47 Zi. | 231 River St. | Tel. 413 6 64 04 00 | www.porches.com | €€–€€€)*. Nach einem morgendlichen Kunstbesuch im MASS MoCA geht es weiter auf dem Hwy. 2. Erste Station: das Clark Art Institute im feinen Uni-Städtchen Williamsburg. Setzen Sie die Reise **auf dem Hwy. 43 durch das pastorale Hügelland zum Hancock Shaker Village** fort (schöne handgefertigte Souvenirs im Shaker Shop). Nun reisen Sie **auf dem Hwy. 22 zu Ihrem Übernachtungsziel Stockbridge**, das für viele schönste Dorf der Berkshires, wo Sie im Norman Rockwell Museum die Werke des beliebtesten Malers der USA betrachten können.

Mark Twain House: Hier schrieb er seine Abenteuer von Tom Sawyer und Huckleberry Finn

TAG 5–7

200 km

❾ Connecticut River Valley

Auf der I-90 und I-91 geht es heute ins ❾ Connecticut River Valley → S. 36 nach Hartford, dort besuchen Sie im Mark Twain House den Vater der amerikanischen Literatur. Und in New London an der Küste, **zu erreichen über**

ERLEBNISTOUREN

den Hwy. 2, stellen einige der interessantesten Künstler des Ostens im INSIDER TIPP **Hygienic Art, Inc.** *(Do 11–15, Fr–Sa 11–18, So 12–15 Uhr | Eintritt frei | 79 Bank St. | www.hygienic.ning.com)* aus. **Danach bringt Sie die I-95 nach ❿ Newport → S. 43.** Bestaunen Sie dort am nächsten Vormittag die märchenhaften **Mansions von Vanderbilt & Co.** Mittags genießen Sie im **Rosemary & Thyme Café** *(382 Spring Street | €)* die besten Sandwiches der Stadt. Nun geht es **auf dem Hwy. 114 und der I-195 stracks nach Cape Cod → S. 40** und **auf dem Hwy. 6** durch lichten Wald und weitläufige Dünenlandschaften bis zu Ihrem Etappenziel für die nächsten beiden Nächte: ⓫ **Provincetown → S. 41.** Einen Überblick verschafft Ihnen am näch-

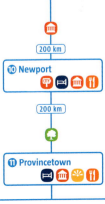

107

ten Morgen das 80 m hohe **Pilgrim Monument**, danach geht es mit einem bei **Ptown Bikes** *(42 Bradford St. | Tel. 505 4 87 87 35 | www.ptownbikes.com)* gemieteten Fahrrad den 12 km langen **Loop Trail** entlang: Appetit fürs Abendessen anstrampeln.

Zurück nach Boston geht es auf der alten Küstenstraße 6A. In ⑫ **Sandwich** bietet sich eine Mittagspause im Garten des beliebten **Café Chew** *(Rte. 6A | Tel. 505 8 88 77 17 | €)* an, bevor es über die Brücke zum Festland geht. **Unterwegs auf dem Hwy. 3** haben Sie noch Zeit für einen Besuch des Museumsdorfs ⑬ **Plimoth Plantation → S. 40** in **Plymouth**, bevor Sie schließlich wieder nach ① **Boston** zurückkehren.

3 IM HINTERHOF DES GIGANTEN

START: ① New York City
ZIEL: ① New York City
Strecke: 2245 km

9 Tage
reine Fahrzeit
27 Stunden

KOSTEN: Mittelklassemietwagen ca. 450 Euro, Benzin ca. 140 Euro, Eintritte samt Bustour in ⑫ **Gettysburg** pro Pers. ca. 180 Euro
MITNEHMEN: Kopfbedeckung, Regenjacke

New York City nimmt viele Besucher so in Anspruch, dass sie das Hinterland dieses Molochs versäumen. Dabei wartet dort so manche Überraschung auf Sie: Weingüter und raue Mittelgebirge, visionäre Künstler und sanfte Fundamentalisten.

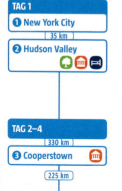

Sie verlassen ① **New York City → S. 50** auf dem Hwy. 9 nach Norden. Der erste Tag gehört dem ② **Hudson Valley → S. 49**. Hinter Yonkers übernimmt der Hudson River die Regie. Sichten Sie die Kunstsammlungen im **Rockefeller Estate Kykuit** in Philippsburg Manor, lustwandeln Sie bei Barrytown in den herrlichen Gärten von **Montgomery Place**, nächtigen Sie im **Holiday Inn Express Albany** *(121 Zi. | 1442 Western Ave. | Tel. 877 6 60 85 50 | €€)* in **Albany**.

Verlassen Sie Albany auf der I-90. Etwas später nehmen Sie den Hwy. 20 und machen bei East Springfield einen Schwenker ins hübsche ③ **Cooperstown**, wo das dem Lederstrumpf-Autor James F. Cooper gewidmete **Fenimore Art Museum** *(tgl. 10–17 Uhr | Eintritt 12 $ | Lake Rd.)* ame-

108 Diese Touren finden Sie als App unter http://go.marcopolo.de/uso

ERLEBNISTOUREN

Überlebensgroße Gitarren weisen den Weg in die Rock and Roll Hall of Fame in Cleveland

rikanische Volkskunst zeigt. **Zurück auf der I-90 erreichen Sie die ❹ Finger Lakes**, ein Weinbaugebiet, wo Sie die Weine der INSIDERTIPP **Belhurst Castle Winery** *(4069 W Lake Rd. | Geneva)* probieren können, bevor Sie zu den weltberühmten ❺ **Niagara Falls → S. 99** fahren. Der nächste Vormittag gehört den gewaltigen Wasserfällen. Mit ein paar Sandwiches im Gepäck **verlassen Sie die Stadt auf der I-190 und fädeln sich hinter Buffalo auf die I-90 ein.** Im weit in den Lake Erie ragenden ❻ **Presque Isle State Park** *(301 Peninsula Dr.)* ist es Zeit für eine Mittagspause und ein Bad, bevor Sie in ❼ **Cleveland → S. 96** für die Nacht einchecken. Ihren Rockidolen können Sie am nächsten Morgen in der **Rock and Roll Hall of Fame** huldigen! Erstehen Sie im Museumsshop noch ein paar coole T-Shirts für die Freunde zu Hause und im Bistro weiteren Reiseproviant. Den können Sie gut im ❽ **Cuyahoga Valley National Park** *(tgl. 10–18 Uhr | 1550 Boston Mills Rd.)* bei den malerischen **Brandywine Falls** verzehren, **zu erreichen auf der I-77.** Danach setzen Sie Ihre Reise auf der I-80 und I-76 durch hügeliges Waldland nach Pittsburg fort.

Nach Ihrer Übernachtung in ❾ **Pittsburgh → S. 55** beehren Sie dort den König der Pop-Art im **Andy Warhol Museum** und kehren zum Lunch in **Braddocks American Brasserie** *(107 6th St. | Tel. 412 9 92 20 05 | €–€€)* ein. **Verlassen Sie die Stadt auf der I-376, später geht es auf der I-76 durch**

109

115 km	
⑩ Fallingwater 🏛	
290 km	
⑪ Harpers Ferry National Historical Park 🌳🛏🍴	
95 km	
⑫ Gettysburg 🏛🚌🛏	
TAG 7	
90 km	
⑬ Lancaster 🏛🍴	
130 km	
⑭ Philadelphia 🛍🎭🏛🌳🛏	

die schönen Laurel Highlands. Auf dem Hwy. 711 machen Sie einen Abstecher zum legendären Frank-Lloyd-Wright-Wohnhaus ⑩ **Fallingwater → S. 56**. Wieder zurück auf der I-70 fahren Sie bis ⑪ **Harpers Ferry National Historical Park** in den Appalachen, wo Sie im Angler's Inn *(4 Zi. | 867 W Washington St. | Tel. 303 5 35 12 39 | €–€€)* übernachten. Lernen Sie am nächsten Tag die dramatische Geschichte der im Bürgerkrieg umkämpften Waffenschmiede auf einer geführten Tour *(Juni–Mitte Aug. | www.nps.gov/haf)* kennen. Essen Sie eine Kleinigkeit im **Cannonball Deli** *(148 High St. | Tel. 304 5 35 17 62 | €)*. Danach bringen Sie der Hwy. 340 und Hwy. 15 nach ⑫ **Gettysburg → S. 55**, wo Sie eine geführte Bustour über jene Felder machen, auf denen sich 1863 das Schlachtenglück zugunsten der Nordstaaten drehte. Übernachtung im nüchternen **Days Inn Gettysburg** *(112 Zi. | 865 York Rd | Tel. 717 3 54 00 30 | www.daysinn.com. | €–€€)*.

Nehmen Sie den Hwy. 30 nach ⑬ **Lancaster → S. 55**, wo Sie sich in der wuseligen Atmosphäre des alten **Central Market** bei Suppe und Sandwich mit den Pennsylvania-Deutsch sprechenden Amischen-Händlern nett unterhalten können. **Setzen Sie die Fahrt auf dem Hwy. 222 und der I-76 fort.** Kurz vor ⑭ **Philadelphia → S. 53**, wo Sie dann für zwei Nächte einchecken, gönnen Sie sich eine

ERLEBNISTOUREN

Einkaufstour im größten Einkaufszentrum der Ostküste, der **King of Prussia Mall** *(Mo–Sa 10–21, So 11–18 Uhr | 160 N Guelph Rd.)*.

Beginnen Sie Ihren Tag in „Philly" mit einem Gang durch den **Independence National Historic Park**. Dannach bummeln Sie auf der fotogenen Walnut Street zum **Independence Seaport Museum** *(tgl. 10–17 Uhr | Eintritt 12 $ | Penn's Landing)* am Delaware River. An der Pier liegen historische Dampfer und Schoner. Am nächsten Morgen geht es dann **auf der I-95 geradewegs zurück nach ❶ New York City**.

TAG 8–9

160 km

❶ New York City

4 DURCH AMERIKAS HERZLAND

START: ❶ Chicago
ZIEL: ❶ Chicago

Strecke: 🚗 2265 km

7 Tage
reine Fahrzeit
29 Stunden

KOSTEN: Mittelklassemietwagen ca. 300 Euro, Benzin ca. 150 Euro, Autofähre ca. 60 Euro, Eintritte pro Pers. ca. 130 Euro
MITNEHMEN: Kopfbedeckung, Sonnenschutz, Wanderschuhe, Regenjacke

ACHTUNG: Unbedingt die Autofähre ❺ **SS Badger** von Manitowok über den Lake Michigan reservieren: *www.ssbadger.com*
Wenn Sie einen weiteren Tag einplanen, können Sie von Cleveland einen weiteren Abstecher zu den Niagara Falls → S. 99 machen.

Auf dieser Tour erleben Sie ein Stück USA, wie es in amerikanischen Filmen nur selten zu sehen ist. Oder haben Sie schon mal von Orten wie Egg Harbor oder Columbus gehört? Doch die unendliche Weite zu Wasser und zu Land muss man einfach selbst erleben – dazu einen Einblick in den amerikanischen Alltag.

Verlassen Sie ❶ **Chicago** → **S. 92** auf der I-94 durch die Vorstädte nach Norden. 45 Minuten später fädeln Sie sich in den Hwy. 41 und kurz darauf in den Hwy. 137 ein. An der 17th Street biegen Sie ab zum ❷ **Illinois Beach State Park** und erwandern das letzte naturbelassene Seeufer des Lake Michigan auf dem 2,8 km langen **Camp Logan Trail**. Zurück auf die I-94. In ❸ **Milwaukee** → **S. 98** erwarten Sie das spektakuläre **Milwaukee Art Museum** und abends die **Old German Beer Hall** *(1009 N Old World 3rd St.)*. **Nehmen Sie am nächsten Tag die I-43. Im Fährhafen Manitowoc wechseln Sie auf die Küstenstraße 42 durch**

TAG 1–3

❶ Chicago

75 km

❷ Illinois Beach State Park

100 km

❸ Milwaukee

235 km

111

nun hübsche Städtchen wie Kewaunee und Algoma. Hinter Sturgeon Bay, dem Hauptort der ❹ **Door Peninsula → S. 99**, kommt **Egg Harbor**. Checken Sie dort in der INSIDER TIPP **Egg Harbor Lodge** *(25 Zi. | 7965 Hwy. 42 | Tel. 920 8 68 31 15 | €€)* ein, springen Sie in den Pool und genießen Sie den Sonnenuntergang über der Green Bay. Vor Ihnen liegt am nächsten Tag ein langer Roadtrip. Fünf Stunden davon können Sie jedoch auf den Decks der Autofähre ❺ **SS Badger von Manitowoc über den Lake Michigan nach Ludington** faulenzen. Entspannt gehen Sie danach die vielen Kilometer **auf der I-96 durch bewaldetes Hügelland nach** ❻ **Detroit → S. 97** an.

Erweisen Sie Stevie Wonder & Co. die Ehre und besuchen Sie in Detroit das **Motown Historical Museum**, wo Sie im *store* gleich ein paar T-Shirts als Mitbringsel kaufen können. **Danach geht es auf der I-75/280 um den Lake Erie herum. Sie biegen nach Sandusky ab und nehmen den Hwy. 6** zum für seine Achterbahnen berühmten ❼ **Cedar Point Amusement Park** *(tgl. 10–22 Uhr | Eintritt 55 $ | 1 Cedar Point Dr.)*. **Nach einer Stunde auf dem Hwy. 6 ist Ihr Tagesziel erreicht:** ❽ **Cleveland → S. 96**. Der nächste Morgen beginnt mit einer Pilgertour zum Schrein der Rockmusik, der **Rock and Roll Hall of Fame**. Nehmen Sie anschließend **die I-71** durch ländliches „Small Town America" nach ❾ **Columbus**. Lassen Sie es sich im Viertel German Town in **Schmidt's Sausage Haus** *(240 E Kossuth St. | €)* schme-

Chicago Downtown: Wo die gläsernen Türme von Trump und Co. in die Höhe wachsen

112   Diese Touren finden Sie als App unter http://go.marcopolo.de/uso

ERLEBNISTOUREN

cken und übernachten Sie im gemütlichen **German Village Guesthouse** *(4 Zi. | 748 Jaeger St. | Tel. 614 37 97 12 | www.gvguesthouse.com | €€–€€€).*

Heute nehmen Sie die I-71 nach ❿ Cincinnati → S. 95. Verschaffen Sie sich einen Überblick vom 49. Stock des **Carew Tower** und genießen Sie im **Museum Center** drei Museen unter einem (Bahnhofs-)Dach. Das Ende Ihrer Reise durch Amerikas Herzland ist – für amerikanische Verhältnisse – nah: **Die I-74 und I-65 bringen Sie am nächsten Tag in knapp fünf Stunden zurück nach ❶ Chicago.**

⑤ DURCH DEN ALTEN UND DEN NEUEN SÜDEN

113

Coca-Cola und CNN, Magnolienduft und warme Abende, knackige Gebirgsluft im Hinterland und Südstaatenflair in den Städten: Diese Tour führt Sie zu Klischees und moderner Realität und belohnt Sie am Ende mit einem herrlichen Badeziel.

Von ❶ **Atlanta** → S. 60 geht es **auf der I-85 N und dem Hwy. 29** zunächst in die kultivierte Kleinstadt ❷ **Athens** → S. 64, wo Sie beim Lunch im Bistro *Home. Made (Di–Fr 11–14 Uhr | 1972 Baxter St. | Tel. 706 2 06 92 16 | www.homemadeathens.com | €–€€)* die Hektik der Metropole vergessen. **Danach setzen Sie die Reise auf dem Hwy. 15 und Hwy. 441 fort**. Die Appalachen werden steiler, eiskalte Creeks neben der Straße laden zu kühlenden Fußbädern ein. In ❸ **Bryson City** checken Sie im *Sleep Inn Bryson City (50 Zi. | 500 Veterans Blvd. | Tel. 828 4 88 03 26 | €–€€)* ein. Am nächsten Morgen machen Sie **auf dem Hwy. 19 und Hwy. 441** einen Abstecher in die ❹ **Great Smoky Mountains** → S. 66 und genießen vom **Clingman's Dome** die phantastische Aussicht. **Danach kehren Sie um und biegen Sie auf den Hwy. 19 (später I-40) ein** nach ❺ **Asheville** → S. 67, wo Sie am Abend die blühende Straßenmusiker- und Kneipenszene genießen können.

Nur 20 Fahrminuten auf dem Hwy. 70 entfernt liegt ❻ **Black Mountain**, wo Sie für einen Bummel auf der <mark>INSIDER TIPP fotogenen, mit hübschen Läden gespickten</mark>

114 Diese Touren finden Sie als App unter http://go.marcopolo.de/uso

ERLEBNISTOUREN

Auf Clingman's Dome erwartet Sie ein wahrer Panoramablick über den Great Smoky National Park

Main Street Ihren ersten Stopp einlegen sollten. Wie es unter den Appalachen aussieht, zeigen Ihnen danach die beeindruckenden ❼ **Linville Caverns** *(tgl. 9–18 Uhr | Eintritt 8 $ | 19929 US 221 N | Marion)*, **die Sie auf dem Hwy. 70 und Hwy. 221 erreichen. Danach geht es auf dem Hwy. 221, Hwy. 105, Hwy. 421 und der I-81 nach** ❽ **Roanoke**, Ihrem Tagesziel zu Füßen der Blue Ridge Mountains. Übernachten Sie im zentral liegenden **Hotel Roanoke** *(200 Zi. | 110 Shenandoah Ave. | Tel. 985 9 85 59 00 | €€–€€€)*.

Heute wartet ein Fest für die Augen auf Sie! **Verlassen Sie Roanoke auf dem Hwy. 116 nach Süden. Bald biegen Sie ab auf den** ❾ **Blue Ridge Parkway. Die Panoramastraße folgt dem Kamm der bis zu 2000 m hohen Blue Ridge Mountains bis nach Rockfish Gap** und gibt immer wieder wunderbare Ausblicke frei. Übernachten Sie in ❿ **Waynesboro → S. 103**. Am nächsten Morgen verlassen Sie die Berge und reisen **auf der I-64 an Charlottesville und Richmond vorbei nach Williamsburg.** Ein Teil der alten Hauptstadt Virginias steht als ⓫ **Colonial Williamsburg → S. 70** unter Denkmalschutz und bietet *living history*. Danach geht es **auf der I-64 an Norfolk vorbei nach Süden und über den Hwy 168** zu Ihrem Routenziel, dem Strandparadies ⓬ **Outer Banks → S. 68**, wo Sie einen Aktivurlaub mit Seakayaking, Biken oder Surfen anschließen können.

115

SPORT & WELLNESS

Eine abwechslungsreiche Topografie, gepaart mit einer Bevölkerung, die allem Neuen grundsätzlich positiv gegenübersteht und Fitness und *wellbeing* religiös verehrt: USA Ost ist ein Freizeitparadies!

Von den bis Juni schneebedeckten White Mountains in New Hampshire bis zu den Koralleninseln der Florida Keys, von der blauen Chesapeake Bay bis zum Mississippi wird gewandert, geradelt, gesegelt und geflogen, wo immer sich die Möglichkeit ergibt. National und State Parks – auch hier denken die Amerikaner wie immer praktisch – schützen nicht nur die Natur. Mit herrlichen Wanderwegen, Aussichtspunkten und Hüttensystemen dienen sie auch dem körperlichen Wohlbefinden der Menschen. Flüsse sind nicht nur Verkehrswege oder -hindernisse, sondern auch Paddelreviere. Und Dünen und andere Hügel? Dort heben Drachenflieger ab, die hier *hangglider* genannt werden. Und die Seen, Buchten und Strände laden ein zu Wassersport aller Art.

FUNSPORTARTEN

Wo sich die Wochenendcottages zu Resortzentren anhäufen, können Sie überall die neuesten Wasserfahrzeuge kennenlernen: Zur Auswahl stehen rasante Fahrten mit *Jetskis* und aufblasbaren Riesenbananen, auf denen Sie sich durch die Wellen ziehen lassen könne. Beliebt sind auch *Kiteboarding* und *Parasailing* (besonders in Florida) und *Drachenfliegen* auf den *Outer Banks (NC)*.

116 Bild: Unterwegs mit dem Kanu

Action zwischen Himmel und Erde: Der Osten der USA hält, was der fitnessverrückte Westen des Lands verspricht

GOLF

Greens gibt es nahezu überall. Besonders schöne und ganzjährig bespielbare Plätze liegen in den Carolinas und überall im Sunshine State. Aktuelle Infos zum Golfen in Florida über *Tee Times USA (Tel. 386 4 39 00 01 | www.teetimesusa.com)*.

KANU, KAJAK & RAFTING

Wo die Verhältnisse es zulassen – oder auch nicht – werden Sie Kanus und Kajaks antreffen. Vor allem *Seakayaking* gehört zu den Topaktivitäten am Meer. Verleiher finden Sie in allen Badeorten zwischen *Bar Harbor (ME)* und *Key West (FL)*. Zu den schönsten Seakayakingrevieren zählen die *Frenchman Bay* vor Bar Harbor, die *Casco Bay* vor Portland (ME), die *Narragansett Bay* vor Newport (RI), das Meer um *Annapolis* (ML), die Buchten von *Mackinac Island* (MI) im *Lake Michigan*, die *Outer Banks* und die *Florida Keys* (FL). Idyllische Kanureviere in Neuengland sind die Flüsse *Battenkill* und *Winooski* in

117

Vermont, erfahrene Kanuten bevorzugen den ungezähmten *Kennebec* und den *Allagash* in Nordmaine. In den *Adirondacks* in Upstate New York lockt die aus 58 Seen und Teichen bestehende *St. Regis Canoe Area* bei Saranac vor allem paddelfreudige Familien. Wahre Kanuparadiese in North und South Carolina sowie Georgia sind die Flüsse *Ocoee, Chattooga, Chestatee* und *Etowah*. Profilierte Veranstalter: *North Country Rivers (36 Main St. | Bingham (ME) | Tel. 207 6724814 | www.northcountryrivers.com), Ocoee Adventure Center (Tagestrip ab 99 $ | Rte. 1, Copperhill (TN) | Tel. 888 7228622 | www.ocoeeadventurecenter.com).*

Zu den beliebtesten Raftingrevieren gehören in Maine die Flüsse *Allagash* und *Kennebec* sowie in Georgia der *Chattooga River*. Weitere beliebte Raftingflüsse im Süden sind der *Nantahala River* in North Carolina und der *Pigeon River* in Tennessee. Die wildesten Stromschnellen im Mittleren Westen können Rafter auf dem *Menominee River* in Wisconsin bezwingen. Der *West River* in Vermont ist immerhin für Stromschnellen der Klassen III und IV gut. Über lokale Raftingveranstalter informieren die Fremdenverkehrsämter.

RADWANDERN & MOUNTAINBIKING

Amerikaner denken bei „Radwandern" sofort an Vermont im Indian Summer. Die hügelige Bilderbuchlandschaft der *Green Mountains* begeistert alle Freunde gemächlicher Radtouren. Ein anderes Radelrevier in Neuengland ist die Dünenlandschaft rund um Provincetown auf *Cape Cod* (MA). Radverleihe gibt es in allen größeren Orten. Längere Radwanderwege sind ein noch junges Konzept und oft noch in Bau. Einer der schönsten im Osten ist die 240 km lange *Great*

Unendlich viele Greens und sonniges Wetter machen Florida zum Golferparadies

SPORT & WELLNESS

Allegheny Passage (www.atatrail.org) von Pittsburgh nach Cumberland.

Auch Fans der härteren Gangart kommen auf ihre Kosten. In Neuengland sind die Skireviere *Killington* und *Stowe* den Sommer über populäre Mountainbikegebiete. In *Georgia* und den *Carolinas* fordern technisch anspruchsvolle *single tracks* die Könner heraus. Infos: *New England Mountainbike Association (Acton (MA) | Tel. 1 80 05 76 36 22 | www.nemba.org),* in Georgia und den Carolinas: *www. singletracks.com.*

TAUCHEN

Die *Florida Keys* (FL) sind *das* Taucherziel im Osten. Ausrüster gibt es in nahezu jedem Ort, Tauchtouren finden täglich statt. Schnorcheln, die Alternative für Unterwassernovizen, ist Bestandteil fast jeder Cruise mit schnittigen Seglern und Katamaranen. Besonders schön ist es rund um *Key West* und *Islamorada. www. fla-keys.com/diving*

WANDERN

Die von Georgia bis hinauf nach Kanada ziehenden *Appalachen* sind das beste Hikerrevier im Osten. In Neuengland bieten sie mit den rauen, bis 2000 m hohen *White Mountains* und den etwas niedrigeren *Green Mountains* gleich zwei Herausforderungen für Wanderer. Legendenstatus genießt der 3000 km lange *Appalachian Trail,* Amerikas berühmtester Fernwanderweg *(Infos: Appalachian Trail Conservancy | Harpers Ferry (VA) | Tel. 304 5 35 63 31 | www.appala chiantrail.org).* Pro Jahr schaffen ihn nur wenig mehr als Hundert sogenannter *thru-hiker.* In den White Mountains hegt und pflegt der **INSIDER TIPP** *Appalachian Mountain Club (AMC Main Office | 5 Joy St. | Boston (MA) | Tel. 617 5 23 06 36 |*

www.outdoors.org) u.a. einige der schönsten Abschnitte des *Appalachian Trail* und unterhält dazu bewirtschaftete Hütten und einfache *shelter.*

Populär ist auch der die Green Mountains der Länge nach durchziehende *Long Trail* von Massachusetts bis nach Kanada *(Infos: Green Mountain Club | 4711 Waterbury-Stowe Rd. | Waterbury Center (VT) | Tel. 802 2 44 70 37 | www. greenmountainclub.org).*

Weiter südlich wartet der *Great Smoky Mountains National Park* (NC/TN) mit schönen Tageswanderungen auf. Vor allem links und rechts des *Blue Ridge Parkway* beginnen etliche Trails zu unvergesslichen Aussichten.

WELLNESS

Es waren amerikanische Präventivmediziner, die in den 1950ern die Worte *wellbeing* (Wohlbefinden) und *fitness* zu *wellness* zusammenfügten und damit die Verbindung von gesunder Ernährung und natürlicher Entspannung meinten. Viele Hotels zwischen Neuengland und Florida haben dies aufgegriffen und Badelandschaften, Fitnessräume, Sportkurse, Kosmetikbehandlungen und Restaurants mit Schon- und Vollwertkost zum Standard gemacht.

So bietet das *Spa Miami Beach (40 Island Ave. | Tel. 305 6 73 17 17 | www.standard-hotels.com/spa-miami-beach)* u.a. Yogakurse, Hydrotherapie und leichte, organische Speisen. Die *Stowe Mountain Lodge (7412 Mountain Rd. | Stowe | Tel. 802 2 53 35 60 | www.stowemountainlodge. com)* in Vermont fügt Kinderbetreuung hinzu, während das *Salamander Resort & Spa (500 N Pendleton St. | Middleburg | Tel. 540 3 26 40 40 | www.salamander-resort.com)* in Virginia Wellnesserfahrung mit Ausritten in die malerischen Wälder verbindet.

MIT KINDERN UNTERWEGS

Die Entfernungen in den USA sind riesig. Doch die Amerikaner, so geschäftstüchtig wie kinderlieb, haben ihren Staat mit gigantischen Vergnügungsparks, Minigolfanlagen und Aquarien überzogen. Und in National und State Parks werden Kanus, Mountainbikes, Pferde und Surfbretter ausgeliehen.

NEUENGLAND

WALBEOBACHTUNG
(143 E–F 3–5) (*O–P 3-4*)
Von Juni bis Oktober pflügen die Blau-, Buckel- und Finnwale durch die Atlantikfluten. Die besten *Whale-Watching*-Touren werden in *Provincetown*, *Boothbay Harbor* und *Bar Harbor* in Neuengland angeboten. Vor Ort unübersehbare Schilder der Veranstalter

INSIDER TIPP WHYDAH PIRATE MUSEUM (143 E5) (*O4*)
In dem kleinen Museum auf der MacMillan Wharf sind Teile des 1717 vor Cape Cod gesunkenen Piratenschiffs „Whydah" wie Münzen des Schatzes, Waffen und die Schiffsglocke zu sehen. *Tgl. 10–17, Juli/Aug. 10–20 Uhr | Eintritt 10 $, Kinder 8 $ | MacMillan Wharf | Provincetown (MA)*

MITTLERE ATLANTIKSTAATEN

INTERNATIONAL SPY MUSEUM
(147 E1) (*L7*)
Das erste Museum der Welt über die mysteriöse Welt der Spione. Zu sehen: Abhörgeräte aller Art und Ausstellungen über die „Stars" der Zunft. *Tgl. 10–18/19 Uhr | Eintritt 22 $, Kinder 14 $ | 800 F St. NW | Washington D. C. | www.spymuseum.org*

PHILADELPHIA ZOO (142 B6) (*M6*)
Ein Tag wird hier kaum reichen: Amerikas ältester Zoo zeigt 1400 Tiere und bietet weitere Attraktionen wie Ballonfahrten, einen See zum Paddeln und etliche interessante Ausstellungen. *Tgl. 9.30–17 Uhr | Eintritt 20 $, Kinder 18 $ | Fairmont Park 34th St. und Girard Ave. | Philadelphia | www.philadelphiazoo.org*

PLEASE TOUCH MUSEUM
(142 B6) (*M6*)
Ein Museum in Form eines riesigen interaktiven Spielplatzes: Wie was funktioniert, die Kids lernen es spielend! *Mo–Sa 9–17, So 11–17 Uhr | Eintritt 17 $ | Memorial Hall, Fairmount Park | 4231 Ave. of the Republic | Philadelphia | www.pleasetouchmuseum.org*

Fun, Fun, Fun mit Spionen, Tieren und Achterbahnen: Amerikas Osten bietet Kurzweil für Kids aller Altersgruppen

FLORIDA

MIAMI SEAQUARIUM (151 D5) (*K15*)
Maritimer Themenpark mit Delphin-, Seelöwen- und Orca-Shows. *Tgl. 10–18 Uhr | Eintritt 41 $, Kinder (3–9 Jahre) 32 $ | 4400 Rickenbacker Causeway | Key Biscayne | www.miamiseaquarium.com*

MISSISSIPPI-TAL

PUTT-PUTT FAMILY PARK
(148 C2) (*E9*)
Spaß für die ganze Familie auf dem wohl größten Minigolfplatz des Ostens. *Tgl. 8–23 Uhr | Tickets ab 8 $ | Golf and Games Family Park | 5484 Summer Ave. | Memphis | www.golfandgamesmemphis.com*

INSIDER TIPP WILDLIFE GARDENS
(148 B6) (*D12*)
In der Sonne dösen Alligatoren, im Dickicht sind Wildkatzen auf der Pirsch. Auf Planken kann man das Sumpfgelände trockenen Fußes erforschen – und tolle Tierbilder aus sicherer Entfernung schießen. *Di–Sa 9–17 Uhr | Eintritt 8 $, Kinder 3,25 $ | 5306 N Bayou Dr. | Gibson (LA) | 40 km südwestl. New Orleans*

DIE GROSSEN SEEN

CEDAR POINT AMUSEMENT PARK
(141 D5) (*J5*)
Park mit den weltweit meisten Achterbahnen – nämlich 17 Stück. Unnötig zu sagen, dass alle *thrill rides* technisch zu den besten des Genres gehören. Dazu Entertainment jeglicher Art. *Tgl. 10–24 Uhr | Tagesticket 50 $ | 1 Cedar Point Dr. | Sandusky (unweit Cleveland) | www.cedarpoint.com*

FIELD MUSEUM OF NATURAL HISTORY
(140 A5) (*F5*)
In den riesigen Hallen des Naturkundemuseums stehen Dinosaurierskelette, darunter ein haushoher T. Rex. Tolle Ausstellung auch zum Leben der Dinos. *Tgl. 9–17 Uhr | Eintritt 18 $, Kinder 13 $ | 1400 S Lake Shore Dr. | Chicago (IL)*

121

EVENTS, FESTE & MEHR

Die Amerikaner verstehen sich aufs Feiern, jedoch feiert man im protestantischen Norden reservierter als in den überwiegend katholischen Städten des Südens. Ist ein traditioneller *country fair* in Illinois oder Ohio eine eher zugeknöpfte Angelegenheit, lässt der Karneval *Mardi Gras* in New Orleans dagegen halb Amerika vor Scham zu Boden blicken.

FESTE & EVENTS

JANUAR

Das *Orange Bowl Festival* in Miami ist mit Paraden und Konzerten der Höhepunkt der Footballsaison. In Neuengland, Cleveland und Chicago wird der Winter mit ausgelassenem *Winterkarneval* verkürzt. Ende Januar/Anfang Februar großes Aufgebot in allen Chinatowns mit Feuerwerk und Umzügen, um das *Chinese New Year* zu begehen.

FEBRUAR

Black History Month: den Afroamerikanern gewidmete Veranstaltungen in Washington; weitere Events dazu im gesamten Süden. New Orleans feiert Amerikas berühmtesten Karneval, den *Mardi Gras*. In Florida findet das legendäre Stockcarrennen *Daytona 500* statt.

MÄRZ

St. Patrick's Day (17. März): Alle Irischstämmigen feiern ihren Schutzpatron mit Umzügen und Kilkenny-Bier, vor allem in Boston, Chicago und Savannah. INSIDER TIPP *Calle Ocho Festival* (Monatsmitte): kubanische Lebensart in Little Havana, Miami

APRIL

Boston Marathon (3. Montag): Amerikas berühmtester Marathon. In Lafayette gibt's Cajun-Musik auf dem *Festival International de la Louisiane* (4. Woche). *Kirschblütenfest* in Washington D. C.

MAI

Bis in den Juni hinein dauert das *New Orleans Jazz and Heritage Festival,* das den Jazz und die zahlreichen, meist karibischen Kulturen der Stadt feiert.

JUNI

In Charleston findet eines der größten Theaterfestivals, das *Spoleto Festival USA,* statt und in Lenox in den Berkshire Hills das bis September dauernde *Tanglewood Music Festival*.

JULI

Anlässlich des *Independence Day* überall Paraden und Feuerwerke. Zur *Tall Ships*

Feiern mit und ohne Anstand: Unterwegs in Richtung Süden werden Amerikas Feste immer ausgelassener

Chicago kommen Windjammer aus aller Welt, und Becket feiert das renommierte *Jacob's Pillar Dance Festival*.

AUGUST
Chicago Jazz Festival Ende des Monats. *Elvis International Tribute Week* in Memphis (Monatsmitte). Hummergenuss total in allen Fischerhäfen beim *Lobster Festival* in Maine. In Virginia bei den INSIDER TIPP *Manassas Reenactments* (3. Augustwoche) stellen Tausende von Kostümierten hier ausgetragene Schlachten nach.

SEPTEMBER
Harvest Celebrations gibt's in vielen Städten Neuenglands. *Zydeco Music Festivals* in Louisiana.

OKTOBER
Bierselige *Oktoberfeste* und *Halloween* landesweit. *Fall Foliage Festivals* vor allem in Vermont, New Hampshire, Maine, Massachusetts und Connecticut

NOVEMBER
In Key West gibt's Themenpartys, Umzüge und Kreativität beim *Annual Key West Fantasy Fest* (1. Woche).

DEZEMBER
Viele Weihnachtsevents – schön exotisch sind das *Creole Christmas* in New Orleans und das *Festival of Lights* in Natchitoches.

FEIERTAGE

1. Jan.	*New Year's Day*
15. Jan.	*Martin Luther King Birthday*
März/April	*Ostermontag*
4. Mo im Mai	*Memorial Day*
4. Juli	*Independence Day*
1. Mo im Sept.	*Labour Day*
2. Mo im Okt.	*Columbus Day*
4. November	*Veterans' Day*
4. Do im Nov.	*Thanksgiving*
25. Dez.	*Christmas*

LINKS, BLOGS, APPS & CO.

LINKS & BLOGS

www.yankeemagazine.com Die Online-Ausgabe des seit 1935 in Dublin (New Hampshire) publizierten „Yankee Magazine" für Reise, Kultur, Heim und Herd enthält u. a. auch schöne Reisereportagen, -blogs und -videos aus den Neuenglandstaaten

nymag.com Restaurantkritiken, Fashion, Einkaufstipps, Barhopping und ein ständig aktualisierter Visitor Guide: Das „New York Magazine" ist die beste hippe Quelle für Aktuelles und Lifestyliges aus dem „Big Apple"

short.travel/uso6 Hier geben in Florida lebende Insider ihr Wissen zu Reisethemen wie Outdoor und Natur, Kultur, Unterhaltung und Restaurants weiter

short.travel/uso5 New Orleans ist eines der alten kulinarischen Bollwerke auf dem Fastfood-Kontinent. Dieser Blog beschäftigt sich mit nichts anderem als Rezepten der *Cajun* und *Creole Cuisine*

www.floridajournal.de Ein Ferienhaus auf den Florida Keys mieten? Ein Boot, ein Auto, eine Harley? Infos hierzu und vieles andere Wissenswerte für Floridareisende in diesem in Hamburg produzierten „Florida Journal" in deutscher Sprache

www.deep-south-usa.com/blog Informativer, regelmäßig aktualisierter Blog mit touristisch relevanten Neuigkeiten aus Alabama, Georgia, Louisiana, Mississippi und Tennessee. Weiterführende Links zu regionalen Online-Guides, Social-Media-Kanälen, selbstgeführten Touren und Roadtrip-Routen

www.travelchannel.com Der in Maryland produzierte Travel Channel mit großer Community bringt Reisereportagen und -ratgeber für amerikanische und internationale Destinationen

www.couchsurfing.org Kontaktfreudige Individualreisende, die auch mal improvisieren können, sind hier an der richtigen Adresse

124

Egal, ob für Ihre Reisevorbereitung oder vor Ort: Diese Adressen bereichern Ihren Urlaub. Da manche sehr lang sind, führt Sie der short.travel-Code direkt auf die beschriebenen Websites. Falls bei der Eingabe der Codes eine Fehlermeldung erscheint, könnte das an Ihren Einstellungen zum anonymen Surfen liegen

LINKS & BLOGS

www.travbuddy.com „Meet travelers. Share advice" lautet das Motto dieser Online-Community. Einfach „USA" eingeben und Zielort anklicken. Hier findet man Kontakt sowohl zu anderen Reisenden mit gleichem Ziel als auch zu Einheimischen

www.marcopolo.de/usa-ost Alles auf einen Blick zu Ihrem Reiseziel: interaktive Karten inklusive Planungsfunktion, Impressionen aus der Community, aktuelle News und Angebote ...

VIDEOS & MUSIK

www.conchtv.com Breit lächelnde Hiesige, die sogenannten *conchs*, *key lime pie* in Wort und Bild sowie jede Menge Lokalkolorit: ConchTV, eine lokale Fernsehstation, ist eine fröhliche Mischung aus schamloser Werbung und interessanten Hintergrundinfos

www.live365.com/stations/radiola „Ma femme, elle est gone", jammert es per Internetradio in schönstem Cajun-Französisch aus dem Äther: Unterwegs in „Acadiana", wie das von den Nachkommen der Akadier besiedelte Cajun Country auch heißt, hören Sie alte Weisen und flotte Two-Step-Rhythmen

short.travel/uso3 Zehn junge Traveller aus aller Welt stellen in diesem Video ihre Lieblingsziele und -aktivitäten an der Ostküste vor. Wer da nicht Lust auf einen Roadtrip bekommt ...

APPS

NPS National Mall – National Park Service Die offizielle, gratis herunterladbare App des National Park Service *(short.travel/uso4)* bietet Routen und praktische Infos für alle National-Mall- und Memorial-Park-Stätten in Washington D. C.

Cabsense Sie können nicht pfeifen wie die New Yorker Türsteher? Mit dieser GPS-gefütterten App finden Sie schnell die beste Ecke, um mühelos ein Taxi herbeizuwinken

Brand USA Travel Network Die App der Dachorganisation der amerikanischen Touristiker enthält als elektronisches Infocenter Videos, Adressenlisten von Hotels, Restaurants und Outfittern sowie Bildgalerien und Geschichten amerikanischer Reisejournalisten

PRAKTISCHE HINWEISE

ANREISE

✈ Boston, New York, Philadelphia, Atlanta, Orlando, Miami und Chicago sind die wichtigsten Flughäfen für Flüge aus Europa. Alle großen Airlines, darunter beispielsweise *Lufthansa*, *Delta Airways*, *British Airways* und *United Airlines*, fliegen diese täglich an.

Die Flugpreise variieren relativ stark je nach Reisezeit und Wochentagen. Generell lässt sich davon ausgehen, dass unter der Woche und außerhalb der Hauptreisezeiten wie Weihnachten, Ostern, Sommer- und Herbstferien gültige Tickets erheblich preiswerter sein können. Verbindungsflüge innerhalb der USA lassen sich in der Regel günstiger von daheim aus buchen.

GRÜN & FAIR REISEN

Auf Reisen können auch Sie viel bewirken. Behalten Sie nicht nur die CO_2-Bilanz für Hin- und Rückreise im Hinterkopf *(www.atmosfair.de; de.myclimate.org)* – etwa indem Sie Ihre Route umweltgerecht planen *(www.routerank.com)* – , sondern achten Sie auch Natur und Kultur im Reiseland *(www.gate-tourismus.de; www.ecotrans.de)*. Gerade als Tourist ist es wichtig, auf Aspekte wie Naturschutz *(www.nabu.de; www.wwf.de)*, regionale Produkte, wenig Autofahren, Wassersparen und vieles mehr zu achten. Wenn Sie mehr über ökologischen Tourismus erfahren wollen: europaweit *www.oete.de*; weltweit *www.germanwatch.org*

AUSKUNFT

Es gibt leider kein für die gesamten USA zuständiges Fremdenverkehrsamt. Jeder Bundesstaat, jede touristisch interessante Stadt oder Region unterhält in Europa eine eigene Präsenz. Unter *www.vusa-germany.de* gibt es ausführliche Infos über jeden einzelnen der Bundesstaaten im Osten der USA. Weitere gute Websites zu den jeweiligen Bundesstaaten:
Florida: *www.visitflorida.com*, *www.miamiherald.com*
Florida Keys: *www.fla-keys.de*
Georgia: *www.exploregeorgia.org*
Illinois: *www.enjoyillinois.com/de*
Louisiana: *www.louisianatravel.de*
Maryland: *www.visitmaryland.org*
Massachusetts: *www.massvacation.com*
Neuengland: *www.discovernewengland.de*
Pennsylvania: *www.visitpa.com*
South Carolina: *www.discoversouthcarolina.com/deutschland*
North Carolina: *de.visitnc.com*
Tennessee: *de.tnvacation.com*
Virginia: *www.virginia.org*
Washington D. C.: *www.washington.org*, *www.capitalregionusa.de*

AUTO

Das amerikanische Straßennetz gehört zu den besten der Welt. Die *Tempolimits* betragen 55 Meilen/h (88 km/h) auf Landstraßen, 35 Meilen/h (50 km/h) in Ortschaften und 65–75 Meilen/h (105–120 km/h) auf Autobahnen *(interstates)* und werden vor allem in Ballungsgebieten streng kontrolliert.

Die *Verkehrsregeln* sind weitgehend identisch. Ausnahmen: An Ampeln darf

Von Anreise bis Zoll

Urlaub von Anfang bis Ende: die wichtigsten Adressen und Informationen für Ihre Reise in den Osten der USA

bei Rot rechts abgebogen werden, und auf Autobahnen können Sie auch rechts überholen. An sogenannten *4-way-stops* (Kreuzungen mit vier Stoppzeichen) hat derjenige Vorfahrt, der zuerst die Kreuzung erreicht. Unbedingt einzuhalten sind die Gebote rund um die gelben Schulbusse. Diese dürfen bei blinkender Warnanlage – auch vom entgegenkommenden Verkehr – unter keinen Umständen passiert werden.

In den Großstädten sind kostenfreie *Parkplätze* eine Rarität. Parkhäuser sollten Sie den von etlichen Ge- und Verbotsschildern gezierten Parkplätzen vorziehen, denn die Abschleppdienste sind allgegenwärtig und extrem teuer. Bei einer *Panne* können ADAC-Mitglieder mit kostenloser Hilfe der *American Automobile Association (AAA)* rechnen (Mitgliedsausweis!).

BANKEN, GELD & KREDITKARTEN

Banken sind Mo–Fr 9–15 Uhr und in den Großstädten oft auch samstagvormittags geöffnet. Dort können Sie Reiseschecks (ausgestellt auf US-Dollar) einlösen und – in Großstädten mit nennenswertem Tourismus – Fremdwährung gegen Dollar eintauschen. Gut vertreten sind auch Bankautomaten für EC- und Kreditkarten. Unterwegs sollten Sie *Bargeld* (für kleinere Einkäufe), *Reiseschecks* (als Reisekasse) und *Kreditkarte* (für Hotels und Restaurants, Mietwagen und zum Tanken) mit sich führen. *Visa*, *Diners Club* und *Mastercard* sind am gängigsten.

Die amerikanische Währung ist der Dollar (= 100 Cent). Es gibt Banknoten zu 1, 2, 5, 10, 20, 50 und 100 Dollar so-

wie Münzen zu 1 *(penny)*, 5 *(nickel)*, 10 *(dime)*, 25 *(quarter)* und 50 Cent.

BUS

Das klassische Transportmittel für Rucksackreisende sind die Busse des legendären Überlandunternehmens *Greyhound*. Englischsprachige Auskünfte über Preise, Pässe und das Streckennetz gibt es online auf der Greyhoundhomepage *www.greyhound.com*.

WÄHRUNGSRECHNER

€	US-$	US-$	€
1	1,10	1	0,90
2	2,20	2	1,80
3	3,30	3	2,70
5	5,50	5	4,50
7	7,70	7	6,30
10	11,00	10	9,00
25	27,50	25	22,50
75	82,50	75	67,50
150	164,00	150	135,00

Andere gute Busunternehmen sind *Trailways* (www.trailways.com) und *Megabus* (www.megabus.com).

CAMPING & HOSTELLING

Zahlreiche Campingplätze liegen häufig am Rand größerer wie kleinerer Städte oder entlang viel befahrener Highways und *interstates*.

Die schönsten Plätze finden Sie aber in den National und State Parks. Sie sind in der Regel mit Waschräumen, Toiletten und einem Laden ausgerüstet und

WAS KOSTET WIE VIEL?

Kaffee	ab 1,60 Euro
	für einen Becher „regular coffee"
Bier	4 Euro
	für ein großes Glas
Snack	ab 4 Euro
	für ein Sandwich
Shopping	ab 75 Euro
	für eine Fleecejacke (Columbia)
Benzin	ca. 0,62 Euro
	pro Liter Normal (aktuelle Angaben unter www.gasbuddy.com)
Museen	4,50–18 Euro
	für eine Eintrittskarte

bieten – je nach Lage – Gelegenheit zum Schwimmen, Paddeln oder Wandern. Die Übernachtungspreise hängen von der Ausstattung des Campingplatzes ab und liegen bei 20–50 $. Ein gleich bleibendes Niveau garantieren die zur *KOA*-Kette (*www.koa.com*) gehörenden Campingplätze.

Kaum teurer, dafür mit einem Dach über dem Kopf übernachten Sie in den Herbergen des amerikanischen Zweigs von *Hostelling International* (8401 Colesville Rd. | Silver Spring (MD) | Tel. 301 4 95 12 40 | www.hiusa.org). Die Preise liegen hier zwischen 20 und 60 $ für ein Bett im Schlafsaal oder in einem Mehrbettzimmer.

DIPLOMATISCHE VERTRETUNGEN

DEUTSCHE BOTSCHAFT
4645 Reservoir Rd. NW | Washington D. C. | Tel. 202 2 98 40 00 | www.germany.info

ÖSTERREICHISCHE BOTSCHAFT
3524 International Court NW | Washington D. C. | Tel. 202 8 95 67 00 | www.austria.org

SCHWEIZER BOTSCHAFT
2900 Cathedral Ave. NW | Washington D. C. | Tel. 202 7 45 79 00 | www.eda.admin.ch

EINREISE

EU-Staatsbürgern genügt für einen Aufenthalt bis zu 90 Tagen der rote, maschinenlesbare Europapass, gültig mindestens bis zur gebuchten Ausreise. Seit Oktober 2005 werden Reisepässe mit digitalem Foto ausgestellt. Vorher ausgestellte Pässe ohne digitales Fotos werden akzeptiert, solange sie maschinenlesbar sind. Familien benötigen für jedes einzelne Familienmitglied (auch für Babys) einen eigenen Pass.

Seit 2009 gilt darüber hinaus das elektronische Reisegenehmigungsverfahren *Esta*, ein automatisiertes System zur Überprüfung der Einreiseberechtigung. Diese Onlineregistrierung ist zwingend für alle visafrei Einreisenden aus Deutschland, Österreich und der Schweiz und muss bis spätestens 72 Stunden vor Reiseantritt online beantragt werden. Eine *Esta*-Genehmigung berechtigt allerdings noch nicht zum Eintritt. Die endgültige Entscheidung trifft der Zollbeamte. Eine deutsche Version des *Esta*-Genehmigungsverfahrens gibt es unter *short.travel/uso7*. Seit 2010 ist die Esta-Beantragung gebührenpflichtig. Weitere Informationen finden sich online unter *short.travel/uso8*.

GESUNDHEIT

Besondere Impfungen sind für die USA nicht vorgeschrieben. Verschreibungs-

PRAKTISCHE HINWEISE

pflichtige Medikamente für den persönlichen Gebrauch dürfen eingeführt werden. Das Gesundheitswesen in den USA ist gut, aber teuer (Auslandskrankenversicherung abschließen!). Vor Ort können Medikamente in der *pharmacy* und im *drugstore* gekauft werden.

INTERNETCAFÉS & WLAN

Internetcafés sind in den USA inzwischen eine aussterbende Art. Cafés, Restaurants, Flughäfen, Hotels, Bahnhöfe, Büchereien und die meisten anderen, öffentlich frequentierten Orte gehen immer mehr davon aus, dass man mit dem eigenen, WLAN-fähigen Laptop unterwegs ist und bieten deshalb *wireless* an. In der Regel weist ein kleiner Sticker im Schaufenster darauf hin. Normalerweise ist die Benutzung gratis *(free)*.

KLIMA & REISEZEIT

Die gewaltigen Dimensionen des Lands bringen extreme Klimaunterschiede mit sich. *Neuengland* genießt warme Sommer, kalte, schneereiche Winter und im Herbst den wegen seiner Laubfärbung berühmten *Indian Summer*. Hier ist wegen der Schneeschmelze einzig vom Frühjahr als Reisezeit abzuraten. *New York City* hingegen ist ein Ziel für jede Jahreszeit, allerdings kann der Hochsommer in der Stadt drückend schwül werden.

Das ganze Jahr hindurch finden Sie auch in den *Südstaaten* und im *Mississippi-Tal* ein angenehmes Klima, wobei es in den Küstenniederungen und am Golf von Mexiko schwül-heiß werden kann. Frühjahr und Herbst sind hier die empfehlenswertesten Reisezeiten.

Das Gebiet der *Großen Seen* sollten Sie wegen des ausgeprägten Kontinentalklimas am besten während der Sommermonate bereisen, wohingegen für *Florida* der Winter die Hauptreisezeit ist.

MASSE & GEWICHTE

1 inch = 2,54 cm, 1 foot = 30,48 cm, 1 mile = 1,61 km, 1 pint = 0,5 l, 1 gallon = 3,79 l, 1 pound = 453,6 g
33 °F = 0 °C, 50 °F = 10 °C, 68 °F = 20 °C, 95 °F = 35 °C

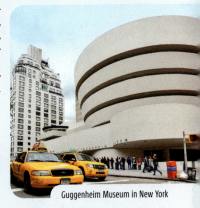

Guggenheim Museum in New York

Bekleidungsgrößen Damen:
6 = 36, 8 = 38, 10 = 40, 12 = 42 etc.
Bekleidungsgrößen Herren:
36 = 46, 38 = 48, 40 = 50 etc.

MEHRWERTSTEUER

Achtung beim Shoppen: An der Kasse wird stets zusätzlich die Mehrwertsteuer *(sales tax)* aufgeschlagen. Sie variiert von Bundesstaat zu Bundesstaat und kann bis zu 7 Prozent betragen.

MIETWAGEN

Zur Automiete genügt der nationale Führerschein. Kleinere Firmen – und Streifenpolizisten in ländlichen Gegenden – verlangen manchmal auch den internationalen Führerschein. In der Regel ist es günstiger, den Wagen bereits im Reisebüro von zu Hause aus zu buchen, Steuern und Versicherungen sind dann inklusive. Beim Mieten vor Ort wird die Vollkaskoversicherung *(loss/damage waiver)* zusätzlich mit mindestens 20 $ pro Tag berechnet. Mietwagen werden in den Kategorien *small*, *midsize* und *full size* angeboten, die Preise pro Tag beginnen bei 50 $ bzw. 380 $ pro Woche. Das Mindestmietalter ist 21, in manchen Staaten 25 Jahre. Wollen Sie den Wagen an einem anderen Ort abgeben, müssen Sie mit einer *drop-off-charge,* mit der die Firma ihre Rückführkosten ausgleicht, rechnen.

Wer den Traum von der großen Freiheit ein Stückchen weiterträumt, geht mit dem Wohnmobil auf die Reise. Bei der Buchung dieser rollenden Wohn-/Schlafzimmer sollte man jedoch mehrere Punkte beachten. Beispielsweise buche man stets eine Kategorie größer, um einen „Hüttenkoller" zu vermeiden.

Und angesichts der gewaltigen Entfernungen sollten Sie ruhig unbegrenzte Meilen buchen. Das ist zunächst zwar teurer, rentiert sich aber im Endeffekt immer und verhindert auch die lästige und letztlich sinnlose Meilenrechnerei. Denn spontane Umwege oder Abstecher wird man unterwegs ohnehin früher oder später unternehmen.

NOTRUF

Fast überall in den USA gilt gebührenfrei von jedem Telefon ist die Notrufnummer 911. Im Zweifelsfall wenden Sie sich an

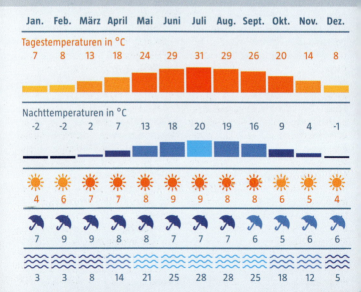

WETTER IN WASHINGTON

	Jan.	Feb.	März	April	Mai	Juni	Juli	Aug.	Sept.	Okt.	Nov.	Dez.
Tagestemperaturen in °C	7	8	13	18	24	29	31	29	26	20	14	8
Nachttemperaturen in °C	-2	-2	2	7	13	18	20	19	16	9	4	-1
☀ Sonnenschein Stunden/Tag	4	6	7	7	8	9	9	8	8	6	5	4
☂ Niederschlag Tage/Monat	7	9	9	8	8	7	7	7	6	5	6	6
≈ Wassertemperaturen in °C	3	3	8	14	21	25	28	28	25	18	12	5

PRAKTISCHE HINWEISE

den *Operator:* Hierzu müssen Sie nur die 0 wählen.

POST

Postämter haben Mo–Fr 9–17 Uhr geöffnet, größere auch Sa 8.30–12 Uhr. Ein Luftpostbrief nach Europa kostet 84, eine Postkarte 50 Cent.

STROM

Die Netzspannung beträgt 110 V, für alle mitgebrachten Elektroartikel ohne automatische Umschaltung ist ein Adapter nötig.

TELEFON & HANDY

Alle Telefonnummern in den USA sind siebenstellig. Für Ferngespräche wird die dreistellige Vorwahl *(area code)* des Orts vorgewählt. Bei Ortsgesprächen wählen Sie nur die Nummer, bei Ferngesprächen innerhalb eines Vorwahlbereichs lediglich eine *1* vor der Nummer. Vorwahl nach Deutschland: *01149,* in die Schweiz: *01141,* nach Österreich: *01143,* danach die Ortsvorwahl ohne die *0* und dann die Rufnummer. Vorwahl in die USA: *001.* Ortsgespräche aus der Telefonzelle kosten 25–35 Cent und sind zeitlich unbegrenzt. Bei Ferngesprächen teilt eine Computerstimme die Gebühr für die ersten drei Minuten mit. Für Telefonate vom Hotelzimmer aus werden horrende Gebühren berechnet! Preiswerter ist es mit einer Telefonkreditkarte (z. B. *AT&T Telephone Card*), die europäische Kreditkarteninhaber kostenlos beantragen können. Die Gespräche werden dann direkt über die Kreditkarte abgerechnet. Sie können beim *Operator,* wählbar unter *0,* auch ein *collect call* (R-Gespräch) beantragen. Zudem gibt es in den USA die kostenlosen Nummern mit der Vorwahl *800, 866, 877* oder *888,* über die Sie Hotels oder Mietwagen reservieren können.

Wer mobil telefonieren möchte, sollte sich bei seinem Netzbetreiber nach Roamingabkommen mit amerikanischen Partnern erkundigen. Wegen unterschiedlicher Standards funktionieren eventuell ältere Handymodelle nicht.

TRINKGELD

Trinkgeld heißt auf Amerikanisch *tip* und ist nicht im Preis enthalten. In Restaurants lässt man daher 15 Prozent des Rechnungsbetrags vor Steuern auf dem Tisch liegen. Zimmermädchen bekommen mindestens 3 $ pro Tag bzw. 15 $ pro Woche. Gepäckträger rechnen mit 1 $ pro Gepäckstück, Taxifahrer mit 15 Prozent der zu zahlenden Fahrkosten.

ZEITZONEN

Neuengland, Ostküste und Florida haben *Eastern Time* (MEZ –6 Stunden). Für das Mississippi-Tal und von Chicago aus westwärts gilt hingegen die *Central Time* (MEZ –7 Stunden). Sommerzeit: 2. Märzsonntag bis 1. Novembersonntag.

ZOLL

Pflanzen, Wurst, Obst und andere frische Lebensmittel dürfen nicht in die USA eingeführt werden. Erlaubt sind pro Erwachsenen 200 Zigaretten oder 50 Zigarren oder 2 kg Tabak sowie 1,1 l Spirituosen, dazu Geschenke bis zu einem Wert von 100 $. In die EU und die Schweiz zollfrei mitgebracht werden dürfen: 1 l Spirituosen, 200 Zigaretten oder 50 Zigarren, 50 g Parfüm oder 250 g Eau de Toilette und andere Artikel im Gesamtwert von 430 Euro/300 Franken. Weitere Infos unter *short.travel/uso8, www.zoll.de, www. ezv.admin.ch.*

SPRACHFÜHRER ENGLISCH

AUSSPRACHE

Zur Erleichterung der Aussprache sind alle Begriffe und Wendungen mit einer einfachen Umschrift in eckigen Klammern versehen. Folgende Zeichen sind Sonderzeichen:

ө   wie [s], gesprochen nur mit der Zungenspitze zwischen den Zähnen
ə   nur angedeutetes „e" wie am Ende von „Bitte", immer ohne Betonung
'   Betonung liegt auf der folgenden Silbe

AUF EINEN BLICK

ja/nein/vielleicht	yes [jess]/no [nou]/maybe ['meybih]
bitte/danke	please [plihs]/thank you [' өänkju]
Entschuldige!	Sorry! [ssorri]
Entschuldigen Sie!	Excuse me, please! [iks'kjuhs mih, plihs]
Darf ich ...?	May I ...? [mey ai?]
Wie bitte?	Pardon? ['pahdn?]
Ich möchte .../	I'd like to ... [aid laik tu ...]/
Haben Sie ...?	Do you have ...? [dju häf ...]
Wie viel kostet ...?	How much is ...? ['hau matsch is ...]
Das gefällt mir/nicht.	I love it. [ai laf it]/I don't like it. [ai dount laik it]
gut/schlecht	good [gud]/bad [bäd]
kaputt/funktioniert nicht	broken/doesn't work [broukən/dasnt wöək]
(zu) viel/wenig	(too) much [(tuh) matsch]/(too) little [(tuh) litl]
Hilfe!/Achtung!/Vorsicht!	Help!/Watch out!/Caution! [hälp][watsch aut][kahschn]
Krankenwagen/Notarzt	ambulance ['ämbjulənz]/paramedics [pärə'mediks]
Polizei/Feuerwehr	police [po'lihs]/fire department [faiə depahtment]
Gefahr/gefährlich	danger ['deyndschə]/dangerous ['deyndschərəs]

BEGRÜSSUNG & ABSCHIED

Gute(n) Morgen!/Tag!/	Good morning! [gud 'moəning]/day! [dey]/
Abend!/Nacht!	evening! ['ifning]/night! [nait]
Hallo!/Auf Wiedersehen!	Hi! [hai]/(Good) Bye! [(gud) bai]
Tschüss!	See you! [ssih juh]
Ich heiße ...	I'm ... [aim ...]/My name is ... [mai 'näims ...]
Wie heißt du/heißen Sie?	What's your name? [wots joə 'näim]
Ich komme aus ...	I'm from ... [aim from ...]

Do you speak American English?

„Sprichst du Englisch?" Dieser Sprachführer hilft Ihnen,
die wichtigsten Wörter und Sätze auf Englisch zu sagen

DATUMS- & ZEITANGABEN

Montag/Dienstag	Monday ['mandey]/Tuesday ['tjuhsdey]
Mittwoch/Donnerstag	Wednesday ['wensdey]/Thursday ['öösdey]
Freitag/Samstag	Friday ['fraidey]/Saturday ['ssätədey]
Sonntag/Feiertag	Sunday ['ssandey]/holiday ['holidey]
heute/morgen/	today [tə'dey]/tomorrow [tə'morou]/
gestern	yesterday ['jestədey]
Stunde/Minute	hour ['auə]/minute ['minit]
Tag/Nacht/Woche	day [dey]/night [nait]/week [wihk]
Wie viel Uhr ist es?	What time is it? [wət 'taim is it]
Es ist drei Uhr.	It's three o'clock. [its ərih əklok]

UNTERWEGS

offen/geschlossen	open [oupən]/closed [klousd]
Eingang/Ausgang	entrance ['entrənts]/exit ['eksit]
Ankunft/Abflug	arrival [ə'raiwl]/departure [di'pahtschə]
Toiletten/Damen/Herren	restrooms ['restruhms]/ladies [leydihs]/men [men]
(kein) Trinkwasser	(no) drinking water [(nou) drinkin wohtə]
Wo ist ...?/Wo sind ...?	Where is ...? [weə is ...]/Where are ...? [weə ah ...]
links/rechts	left [läft]/right [rait]
geradeaus/zurück	straight ahead [sstreyt ə'hed]/back [bäk]
nah/weit	close [klous]/far [fah]
Taxi	Taxi [taksi]/cab [käb]
Bushaltestelle/Taxistand	bus stop [bass sstop]/cab stand [käb sständ]
Parkplatz/	parking lot ['pahkin lot]/
Parkhaus	parking garage ['pahkin ga'rahsch]
Stadtplan/Landkarte	city map ['ssiti mäp]/road map [roud mäp]
Bahnhof/Hafen	train station [treyn ssteyschn]/harbor ['hahbə]
Flughafen	airport ['eahpoət]
Fahrplan/Fahrschein	timetable [taimteybl]/ticket ['tiket]
Zuschlag	additional fare [ə'dischənəl fəah]
einfach/hin und zurück	one way [wan wey]/round trip [raund trip]
Ich möchte ... mieten.	I want to rent ... [ai wont tu rent ...]
ein Auto/ein Fahrrad	a car [ə kah]/a bike [ə baik]
ein Boot	a boat [ə bout]
ein Wohnmobil	a motorhome [ə 'moutəhoum]/
	RV (recreational vehicle) [ar'wih]
Tankstelle	gas station [gäss ssteyschn]
Benzin/Diesel	gas [gäss]/diesel [dihsl]
Panne/Werkstatt	breakdown ['breykdaun]/repair shop [ri'peə schop]

133

ESSEN & TRINKEN

Reservieren Sie uns bitte für heute Abend einen Tisch für vier Personen.	Would you please make a reservation for a table of four for tonight? [wud ju plihs meyk ə 'resəveyschən foə ə 'teybl əf 'foə foh tunait]
Die Speisekarte, bitte.	The menue, please. [ðe menju plihs]
Könnte ich ... haben?	Could I please have ...? [kud ai plihs häf ...]
Vegetarier(in)/Allergie	vegetarian [wedsche'tərian]/allergy ['älədschi]
Ich möchte zahlen, bitte.	Could I have the check, please? [kud ai häf ðə tschek plihs]

EINKAUFEN

Wo finde ich ...?	Where would I find ...? ['weə wud ai 'faind ...]
Ich möchte .../	I'd like ... [aid laik ...]/
Ich suche ...	I'm looking for ... [aim luking foə ...]
Apotheke/Drogerie	pharmacy ['fahməssi]/drugstore ['dragstoə]
Einkaufszentrum	shopping center ['schopping 'ssentə]
teuer/billig/Preis	expensive [iks'penssif]/cheap [tschihp]/price [praiss]
mehr/weniger	more [moə]/less [less]
aus biologischem Anbau	organically grown [or'gänikəli groun]

ÜBERNACHTEN

Ich habe ein Zimmer reserviert.	I've reserved a room. [aif ri'söəvd ə ruhm]
Haben Sie noch ein ...?	Do you still have a ...? [du ju sstil häf ə]
Einzelzimmer	single room [ssingl ruhm]
Doppelzimmer	room for two [ruhm foə tuh]
(Wohnmobil-)Stellplatz	stall [sstal]/space [sspeyss]
Frühstück/Halbpension	breakfast ['brekfəst]/half board ['hahf boərd]
Vollpension	full board [ful boərd]
zum Meer/zum See	oceanfront [ouschnfrant]/lakefront [leykfrant]
Dusche/Bad	shower [schauə]/bath [bäə]
Balkon/Terrasse	balcony ['bälkoni]/terrace ['terəss]
Schlüssel/Zimmerkarte	key [kih]/room access card [ruhm 'äksess kard]
Gepäck/Koffer/Tasche	luggage ['lagitsch]/suitcase ['ssuhtkeys]/bag [bäg]

BANKEN & GELD

Bank/Geldautomat	bank [bänk]/ATM [ey ti em]
Geheimzahl	pin code [pin koud]
Ich möchte ... Euro wechseln.	I'd like to change ... Euro. [aid laik tə tscheynsch ... jurou]
bar/Kreditkarte	cash [käsch]/credit card [kredit kard]
Banknote/Münze	bill [bil]/coin [koin]

SPRACHFÜHRER

GESUNDHEIT

Arzt/Zahnarzt/	doctor ['doktə]/dentist ['dentist]/
Kinderarzt	pediatrician [pedia'trischən]
Krankenhaus/	hospital ['hospitl]/
Notfallpraxis	emergency clinic [i'mertschənsi 'klinik]
Fieber/Schmerzen	feaver [fihvə]/pain [peyn]
Durchfall/Übelkeit	diarrhea [daiə'ria]/sickness ['ssikness]
Sonnenbrand/-stich	sunburn ['ssanbörn]/sunstroke ['ssanstrouk]
Rezept	prescription [prəs'kripschən]
Schmerzmittel/Tablette	pain killer [peyn kilə]/pill [pill]

TELEKOMMUNIKATION & MEDIEN

Briefmarke/Brief	stamp [sstämp]/letter ['lettə]
Postkarte	postcard ['poustkahd]
Ich brauche eine Telefon-karte für Ferngespräche.	I need a phone card for long distance calls. [ai nihd ə foun kahd for long disstants kahls]
Ich suche eine Prepaid-Karte für mein Handy.	I'm looking for a prepaid-card for my cell phone. [aim luking foə a foun kahd foə mai ssell foun]
Wo finde ich einen Internetzugang?	Is there internet access here somewhere? [is θeə 'internet 'äksess hiə 'ssamweə]
Brauche ich eine spezielle Vorwahl?	Do I need a special area code? [duh ai nihd a 'speschəl äreə koud]
Steckdose/Adapter/Ladegerät	wall plug [wahl plag]/adapter [ə'däptə]/charger [tschatschə]
Computer/Batterie/Akku/WLAN	computer/battery/rechargable battery['bäteri] [re'tschahtschablə bäteri]/Wi-Fi ['waifai]

FREIZEIT, SPORT & STRAND

Strand	beach [bihtsch]
Sonnenschirm/Liegestuhl	sun shade [ssan scheyd]/beach chair [bihtsch tscheə]
Fahrrad-/Mofa-Verleih	bike ['baik]/scooter rental ['skuhtə rentəl]
Vermietladen	rental shop [rentəl schop]
Übungsstunde	lesson ['lessən]

ZAHLEN

1/2	a/one half [ə/wan 'hahf]	200	two hundred ['tuh 'handrəd]
1/4	a/one quarter [ə/wan 'kwohtə]	1000	(one) thousand [('wan) əausənd]
10	ten [tän]	2000	two thousand ['tuh əausənd]
20	twenty ['twänti]	5000	five thousand [faiw əausənd]
100	(one) hundred [('wan) 'handrəd]	10 000	ten thousand ['tän əausənd]

REISEATLAS

━━ Verlauf der Erlebnistour „Perfekt im Überblick"
━━ Verlauf der Erlebnistouren

Der Gesamtverlauf aller Touren ist auch in der herausnehmbaren Faltkarte eingetragen

Bild: Clerwater Beach in Florida

Unterwegs in USA Ost

Die Seiteneinteilung für den Reiseatlas finden Sie auf dem hinteren Umschlag dieses Reiseführers

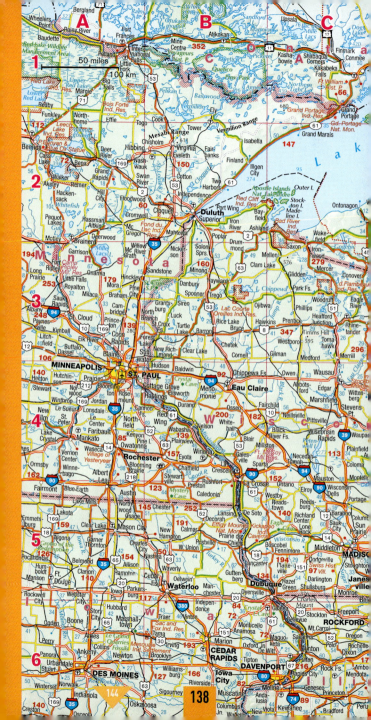

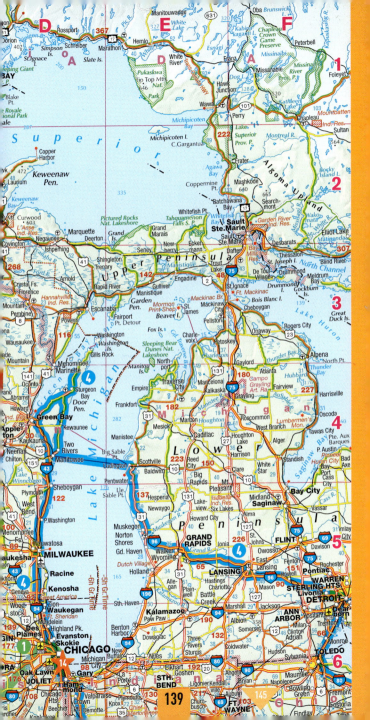

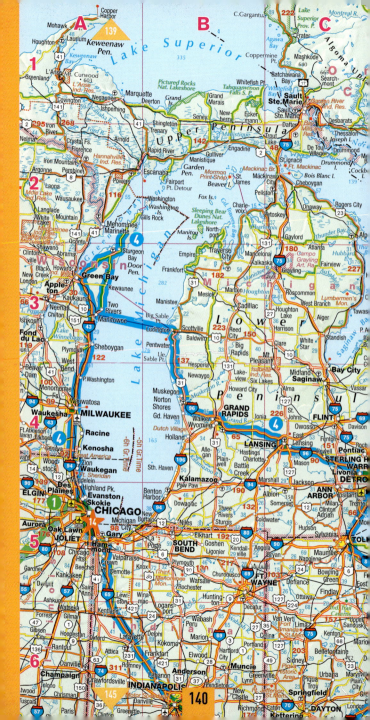

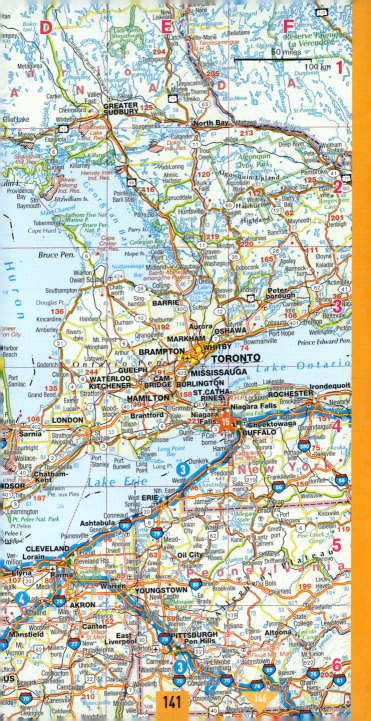

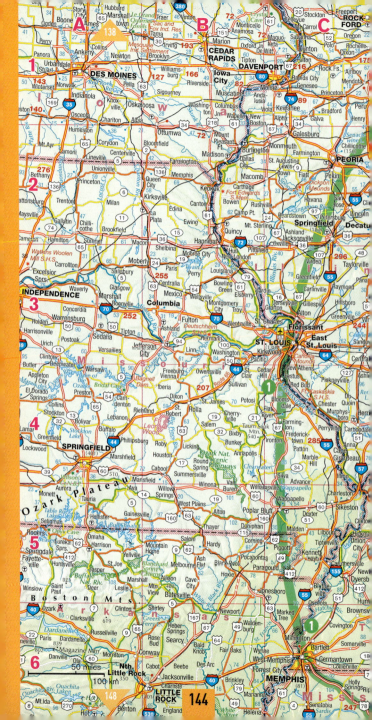

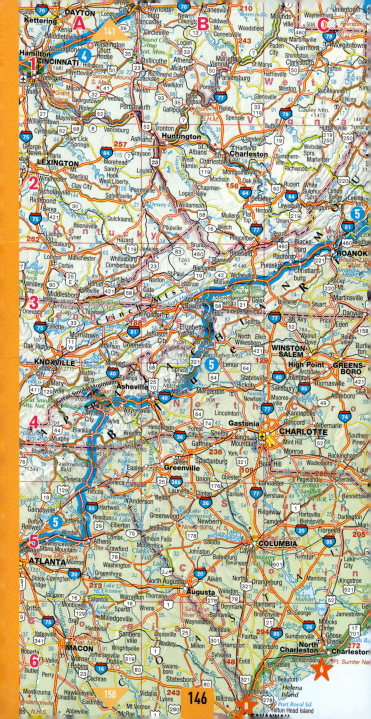

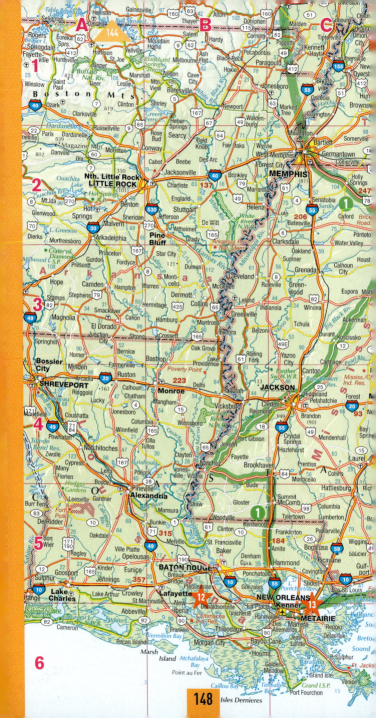

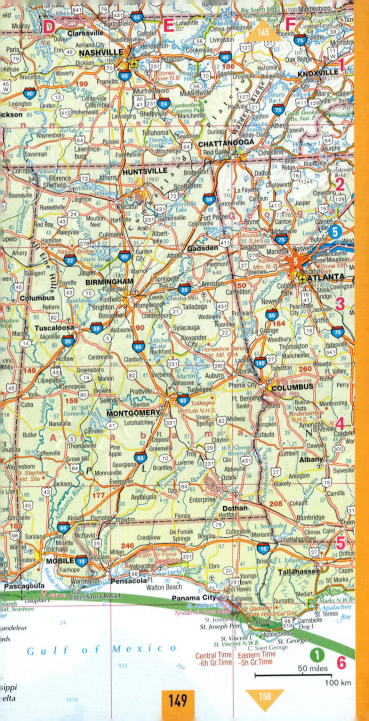

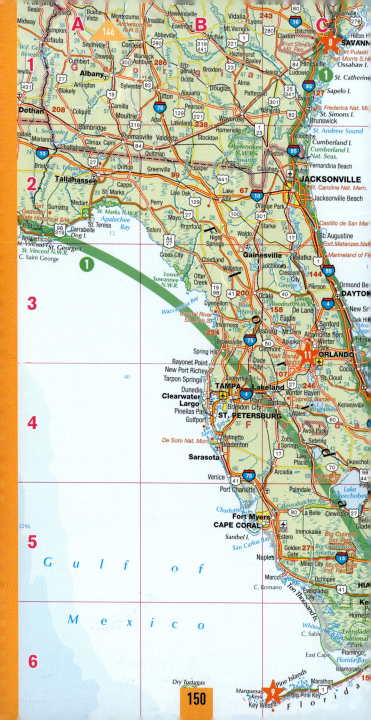

FÜR IHRE NÄCHSTE REISE ...

ALLE **MARCO POLO** REISEFÜHRER

DEUTSCHLAND
Allgäu
Bayerischer Wald
Berlin
Bodensee
Chiemgau/
Berchtesgadener
Land
Dresden/
Sächsische Schweiz
Düsseldorf
Eifel
Erzgebirge/
Vogtland
Föhr & Amrum
Franken
Frankfurt
Hamburg
Harz
Heidelberg
Köln
Lausitz/Spreewald/
Zittauer Gebirge
Leipzig
Lüneburger Heide/
Wendland
Mecklenburgische
Seenplatte
Mosel
München
Nordseeküste
Schleswig-Holstein
Oberbayern
Ostfriesische Inseln
Ostfriesland/Nordseeküste Niedersachsen/Helgoland
Ostseeküste
Mecklenburg-Vorpommern
Ostseeküste
Schleswig-Holstein
Pfalz
Potsdam
Rheingau/
Wiesbaden
Rügen/Hiddensee/
Stralsund
Ruhrgebiet
Schwarzwald
Stuttgart
Sylt
Thüringen
Usedom
Weimar

ÖSTERREICH
SCHWEIZ
Kärnten

Österreich
Salzburger Land
Schweiz
Steiermark
Tessin
Tirol
Wien
Zürich

FRANKREICH
Bretagne
Burgund
Côte d'Azur/
Monaco
Elsass
Frankreich
Französische
Atlantikküste
Korsika
Languedoc-Roussillon
Loire-Tal
Nizza/Antibes/
Cannes/Monaco
Normandie
Paris
Provence

ITALIEN
MALTA
Apulien
Dolomiten
Elba/Toskanischer
Archipel
Emilia-Romagna
Florenz
Gardasee
Golf von Neapel
Ischia
Italien
Italienische Adria
Italien Nord
Italien Süd
Kalabrien
Ligurien/
Cinque Terre
Mailand/
Lombardei
Malta & Gozo
Oberital. Seen
Piemont/Turin
Rom
Sardinien
Sizilien/
Liparische Inseln
Südtirol
Toskana
Venedig
Venetien & Friaul

SPANIEN
PORTUGAL
Algarve
Andalusien
Barcelona
Baskenland/
Bilbao
Costa Blanca
Costa Brava
Costa del Sol/
Granada
Fuerteventura
Gran Canaria
Ibiza/Formentera
Jakobsweg
Spanien
La Gomera/
El Hierro
Lanzarote
La Palma
Lissabon
Madeira
Madrid
Mallorca
Menorca
Portugal
Spanien
Teneriffa

NORDEUROPA
Bornholm
Dänemark
Finnland
Island
Kopenhagen
Norwegen
Oslo
Schweden
Stockholm
Südschweden

WESTEUROPA
BENELUX
Amsterdam
Brüssel
Dublin
Edinburgh
England
Flandern
Irland
Kanalinseln
London
Luxemburg
Niederlande
Niederländische
Küste
Schottland
Südengland

OSTEUROPA
Baltikum
Budapest
Danzig
Krakau
Masurische Seen
Moskau
Plattensee
Polen
Polnische
Ostseeküste/

Danzig
Prag
Slowakei
St. Petersburg
Tallinn
Tschechien
Ungarn
Warschau

SÜDOSTEUROPA
Bulgarien
Bulgarische
Schwarzmeerküste
Kroatische Küste
Dalmatien
Kroatische Küste
Istrien/Kvarner
Montenegro
Rumänien
Slowenien

GRIECHENLAND
TÜRKEI
ZYPERN
Athen
Chalkidiki/
Thessaloniki
Griechenland
Festland
Griechische Inseln/
Ägäis
Istanbul
Korfu
Kos
Kreta
Peloponnes
Rhodos
Samos
Santorini
Türkei
Türkische Südküste
Türkische Westküste
Zákinthos/Itháki/
Kefalloniá/Léfkas
Zypern

NORDAMERIKA
Chicago und
die Großen Seen
Florida
Hawai'i
Kalifornien
Kanada
Kanada Ost
Kanada West
Las Vegas
Los Angeles
New York
San Francisco
USA
USA Ost
USA Südstaaten/
New Orleans
USA Südwest
USA West
Washington D.C.

MITTEL- UND
SÜDAMERIKA
Argentinien
Brasilien

Chile
Costa Rica
Dominikanische
Republik
Jamaika
Karibik/
Große Antillen
Karibik/
Kleine Antillen
Kuba
Mexiko
Peru & Bolivien
Yucatán

AFRIKA UND
VORDERER
ORIENT
Ägypten
Djerba/
Südtunesien
Dubai
Israel
Jordanien
Kapstadt/
Wine Lands/
Garden Route
Kapverdische
Inseln
Kenia
Marokko
Namibia
Rotes Meer & Sinai
Südafrika
Tansania/Sansibar
Tunesien
Vereinigte
Arabische Emirate

ASIEN
Bali/Lombok/Gilis
Bangkok
China
Hongkong/Macau
Indien
Indien/Der Süden
Japan
Kambodscha
Ko Samui/
Ko Phangan
Krabi/
Ko Phi Phi/
Ko Lanta/Ko Jum
Malaysia
Nepal
Peking
Philippinen
Phuket
Shanghai
Singapur
Sri Lanka
Thailand
Tokio
Vietnam

INDISCHER OZEAN
UND PAZIFIK
Australien
Malediven
Mauritius
Neuseeland
Seychellen

Viele MARCO POLO Reiseführer gibt es auch als eBook – und es kommen ständig neue dazu!
Checken Sie das aktuelle Angebot einfach auf: www.marcopolo.de/e-books

REGISTER

In diesem Register sind alle wesentlichen in diesem Führer erwähnten Orte und Ausflugsziele verzeichnet. Gefettete Seitenzahlen verweisen auf den Haupteintrag.

Acadia National Park **32**
Albany 50
Annapolis **46**, 117
Apalachicola 83
Appalachen 14, 17, 22, 66, 114, 119
Appalachian Trail 16, 72, 119
Asheville **67**, 114
Athens 31, **64**, 114
Atlanta 16, 19, 23, 25, 30, **60**, 66, 114
Atlantic City 46, **47**
Baltimore **48**
Bar Harbor **33**, 34, 117, 120
Barrier Islands 83
Beacon 49
Becket **34**, 123
Bergshire Hills 106
Berkshire Hills **34**, 122
Bird-in-Hand 55
Black Mountain 114
Blue Ridge Mountains 59, 70, 115
Boothbay Harbor 120
Boston 16, 22, 30, 32, **36**, 105, 122
Brewster 41
Burlington **45**
Cajun Country **84**, 90, 125
Cambridge **39**
Camden 34
Cape Canaveral 104
Cape Cod 32, **40**, 107, 118, 120
Cape Hatteras National Seashore 68, 103
Carrabelle 83
Charleston 16, 29, 60, **64**, 66, 103, 122
Charlottesville **70**
Charlotteville 103
Chicago 17, **92**, 96, 104, 111, 121, 122, 123
Cincinnati **95**, 113
Cleveland 92, **96**, 109, 112, 121, 122
Colonial Williamsburg **70**
Columbus 112
Concord **39**
Connecticut River Valley **36**, 106
Cooperstown 108
Cumberland 119
Cuyahoga Valley National Park 109

Daytona Beach 104
Dennis 41
Detroit 25, 29, 92, **96**, 112
Door Peninsula **99**, 112
Dublin 124
East Haddam 36
Essex 36
Everglades 17, 74, **79**
Fallingwater **56**, 110
Finger Lakes 109
Flamingo 80
Florida Keys 78, 117, 119, 124
Freeport 34, **44**
Germantown 50
Gettysburg **55**, 110
Graceland 87
Great Smoky Mountains National Park **66**, 119
Great Smoky National Park 114
Green Mountains 118, 119
Hanover 22
Harpers Ferry National Historical Park 110
Hartford **36**, 106
Homestead 80
Hudson Valley 49, 108
Islamorada 119
Ithaca 22
Jackson 105
Jamestown Island 71
Jamestown Settlement 14, **71**
Jockey's Ridge State Park 69
Kennedy Space Center 74, **83**
Key West 17, **74**, 117, 119, 123
Killington 119
Kykuit **49**
Lafayette **85**, 122
Lake Erie 99
Lake Huron 98
Lake Michigan 98, 99, 117
Lake Ontario 99
Lancaster 55, 110
Lancaster County 46
Laurel Highlands **56**
Ledyard 22
Lenox 122
Lexington **39**
Ligonier 56
Long Trail 119
Mackinac Island **98**, 117
Maine Coast 34

Mashantucket 22, 43
Memphis 17, 29, 84, **87**, 90, 104, 121, 123
Miami 104, 119
Miami/Miami Beach 74, **77**, 121, 122
Mid Hudson Valley **49**
Middleburg 119
Milwaukee **98**, 111
Monticello **70**
Montpelier **45**
Mount Washington **42**, 105
Myrtle Beach 66
Mystic 43
Naples **80**
Natchitoches 123
New Bedford **43**
New Haven 22
New London 106
New Orleans 16, 17, 19, 29, 30, 84, **88**, 104, 121, 122, 123, 124
New York City 16, 19, 22, 25, 30, **50**, 55, 101, 108, 124, 129
Newfane 106
Newport **42**, 107, 117
Niagara Falls 17, 92, **99**, 109, 111
North Adams 31, 35
Old Lyme 36
Orlando 19, 78, **81**
Outer Banks **68**, 103, 115, 116, 117
Pemaquid Peninsula 34
Pennsylvania Dutch Country 55
Philadelphia 19, **53**, 110, 120
Pittsburgh 46, **55**, 109, 119
Pittsfield 35
Plymouth 14, 24, **40**, 108
Portland 31, 34, **44**, 117
Portsmouth 105
Providence 22
Provincetown 16, 31, **40**, 107, 118, 120
Rhinebeck 50
Richmond **69**
Salem **40**, 105
Sandusky 121
Sandwich 40
Saranac 118
Savannah 16, 18, 30, 64, **71**, 103, 122

154